Wie ist Jesus weiß geworden?

Für meine Großeltern
Für all unsere Kinder
Und für all die, die in der Kirche Schmerz erfahren mussten, obwohl ihnen das Gegenteil versprochen wurde

Sarah Vecera

Wie ist Jesus weiß geworden?

Mein Traum von einer Kirche ohne Rassismus

Patmos Verlag

VERLAGSGRUPPE PATMOS

PATMOS
ESCHBACH
GRÜNEWALD
THORBECKE
SCHWABEN
VER SACRUM

Die Verlagsgruppe
mit Sinn für das Leben

5. Auflage 2026

Verlagsgruppe Patmos in der Schwabenverlag AG
Senefelderstr. 12, 73760 Ostfildern
produktsicherheit@verlagsgruppe-patmos.de
www.patmos.de
(Vorstehende Angaben sind zugleich Pflichtinformationen nach GPSR)

Umschlaggestaltung: Finken & Bumiller, Stuttgart
Umschlagfoto: privat
Gestaltung, Satz und Repro: Schwabenverlag AG, Ostfildern
Druck: CPI books GmbH, Leck
Hergestellt in Deutschland
ISBN 978-3-8436-1352-1

Inhalt

I have a dream – Ich habe einen Traum,
dass meine vier kleinen Kinder eines Tages in einer
Kirche[1] *leben werden,*
in der man sie nicht nach ihrer Hautfarbe,
sondern nach ihrem Charakter beurteilen wird. (...)
Mit diesem Glauben werden wir fähig sein,
zusammen zu arbeiten,
zusammen zu beten, zusammen zu kämpfen, zusammen ins
Gefängnis zu gehen, zusammen für die Freiheit aufzustehen,
in dem Wissen,
dass wir eines Tages frei sein werden.
Nach Martin Luther King Jr. am 28. August 1963

»I have a dream« ist wohl eine der berühmtesten Reden, und sie handelt vom Kampf gegen Rassismus. Wir kennen alle diese weltbekannten Worte. Sie standen in meinem Englischbuch. Dort stehen eigentlich keine Predigten eines Baptistenpfarrers, aber diese Predigt ist vielleicht die berühmteste, die je gehalten wurde. Der Traum ist bis heute, auch in Deutschland, nicht endgültig in Erfüllung gegangen. Warum ich das so sehe und weshalb ich nicht aufhöre, von einer Kirche ohne Rassismus zu träumen? Das möchte ich Ihnen gern erzählen ...

1 Im Original wird von »Nation« und nicht von »Kirche« gesprochen.

Ich bin in einer christlichen Familie und Gemeinde aufgewachsen, habe Theologie studiert und arbeite seit über zehn Jahren in der Kirche.

Wir machen eine Bibelarbeit, und ich habe aufgrund meiner Ausbildung die arrogante Haltung, dass ich nicht viel Neues aus dieser Bibelarbeit mitnehmen werde. Es geht um die Geschichte der kanaanäischen Frau nach Matthäus 15,21–28: Eine Frau aus Kanaan kommt zu Jesus und fleht ihn an, ihre Tochter zu heilen. Jesus reagiert zuerst mit Ignoranz, erst nachdem seine Jünger*innen ihn zu reagieren bitten, weist er die Frau von sich ab. Er sei nur für das Volk Israel zuständig – sie gehöre nicht dazu. Diese Frau aber lässt nicht locker – selbst dann nicht, nachdem Jesus sie sogar mit einem Hund verglichen hat. Am Ende heilt Jesus die Tochter mit der Begründung, dass das Vertrauen der Mutter groß sei.

Für Menschen, die die Bibel lesen, ist das ein bekannter Text. Ich erinnere mich an zahlreiche Diskussionen und Streitgespräche über diesen Text auf diversen Sommerfreizeiten. Er provoziert und regt zum Nachdenken an und wirft so viele Fragen auf: Warum ist Jesus so abweisend und anders als sonst? Ändert er seine Meinung? Kann ich Jesus von etwas überzeugen, wovon er selbst nicht überzeugt ist? Lernt Gott dazu? Warum schließt er diese Frau zunächst aus, wo er doch an so vielen Stellen gerade auf solche Menschen zugeht, die von der Gesellschaft ausgeschlossen werden?

Doch darum soll es heute in dieser Bibelarbeit gar nicht primär gehen. Wir werden vielmehr gebeten, uns in eine*n der unterschiedlichen Protagonist*innen hineinzuversetzen. Dann werden uns in diesen Rollen Fragen gestellt. Bibliolog nennt man diese Methode der Bibelarbeit. Wir sind also die Jünger*innen, die Frau, Jesus und die umherstehenden Leute.

Abschließend tauschen wir uns über das Erlebte aus. Eine völlig neue Erkenntnis bricht über mich herein: Ich habe mich spontan mit der Frau identifiziert, während die *weißen* Menschen im Raum sich völlig selbstverständlich mit denen identifiziert haben, die sich für diese Frau einsetzen.

Am Ende stellt sich heraus, dass alle Menschen of Color[2] aus unserer Bibelarbeitsgruppe genauso empfanden wie ich. Wir haben uns unbewusst mit der identifiziert, die ausgegrenzt wurde, und nicht mit denen, die sich zugehörig und sicher fühlten. Bei genauerem Hinsehen auf die damalige biblische Situation wäre das Gefühl der Zugehörigkeit und Sicherheit, zum Beispiel bei den Jünger*innen, nicht gerechtfertigt, weil alle *weißen* christlichen Menschen gemäß der Gruppierungen in Israel ebenso wenig wie die kanaanäische Frau zum erwählten Volk Israel gehörten. Diese Bibelstelle ist also auch interessant hinsichtlich des Verhältnisses von Kirche und Israel. Aus heutiger Perspektive hätten wir Christ*innen die Position der Frau innegehabt, die nicht zum Volk Israel Gehörenden. Im Bibliolog, in dem es um aktuelle Identifikation mit den Rollen und Positionen geht, haben sich aber nur einige so gefühlt.

Eine völlig neue Erkenntnis für mich! Ich habe diese Geschichte tausend Mal gehört, gelesen und sogar darüber gepredigt, aber mir war dabei nicht klar, dass sich alle *weißen* Menschen um mich herum nicht unbedingt mit der Frau identifizierten. Ich habe mich aber immer mit der Frau identifiziert, aus ihrer Perspektive habe ich diese Geschichte gelesen, verinnerlicht und verkündigt.

Bitte überlegen Sie doch mal, wem Sie sich in dieser Geschichte am nächsten fühlen? Mit wem identifizieren sie sich

---

2 Der Zusatz »of Color« meint keine Hautfarben im biologischen Sinn, sondern ist ein Sammelbegriff von und für Menschen mit Rassismuserfahrungen aufgrund ethnischer Zuschreibungen. Im deutschsprachigen Raum wird er mangels deutscher Begrifflichkeiten oft so übernommen. So wird es auch in diesem Buch sein. Ich werde variieren und auch mal People of Color schreiben – die Abkürzung ist PoC. Es handelt sich hierbei um eine Selbstbezeichnung. Sie mit »farbigen Menschen« zu übersetzen, wäre wiederum nicht richtig, weil »farbig« auf Deutsch eine rassistische Fremdbezeichnung aus der Kolonialzeit ist.

vielleicht sogar? Beim Lesen dieser Geschichte haben Sie vielleicht Partei für Jesus ergriffen, irgendwie versucht zu erklären, warum er so oder so handelt. Sie haben sich vielleicht automatisch aus der Perspektive derer betrachtet, die zu Jesus gehören. Nicht verwunderlich: Sie haben zeitlebens erfahren, zur gesellschaftlich-kirchlichen Norm zu gehören und diese nicht hinterfragen zu müssen. Daher fühlen Sie sich auch denen näher, die keine Angst haben müssen, nicht dazuzugehören. Sie haben vielfach gehört: Sie sind angenommen von Gott und der Welt.

Ich hingegen habe diese Geschichte bereits als kleines Mädchen aus Perspektive der Frau gehört. Vielleicht ging es einigen Frauen oder anderen marginalisierten Gruppen auch so.

Ich habe das anscheinend nicht bewusst gemacht, aber ich war immer die Frau.

Ich war die, die mit den Hunden unter dem Tisch verglichen wurde.

Von dem, der alle Kinder lieb hat.

Ich war die, die Jesus erst überreden musste, um dazugehören zu dürfen.

Ich war die, die Jesus anschrie: Ich gehöre auch zu dir!

Ich war die, die auf die Beleidigung »Hund« nicht mal eingegangen ist, weil sie gelernt hat, freundlich zu bleiben, um das Gegenüber nicht zu verletzen.

Schließlich meine er es eigentlich gut und darauf käme es an.

Und dennoch wollte ich dazugehören.

Dass ich die Frau war, lag nicht an meiner *weißen* Kirchengemeinde.

Und auch nicht an meiner *weißen* Familie.

Das lag an einem System, in dem wir auch als Kirche leben.

Das liegt daran, dass *Weiß*-Sein die Norm darstellt.

Und alles andere als »fremd«, »anders« oder als »exotisch« oder sogar als »besonders schön« betitelt wird.

Menschen meinen »das« nicht böse und genau das macht es so schwierig, darüber zu sprechen.

Dass sich nicht alle um mich herum mit der kanaanäischen Frau identifiziert haben, wurde mir erst in dieser Bibelarbeit bewusst. Warum *ich* mich mit ihr identifiziere, weiß ich schon länger.

Dieses Buch ist eine Momentaufnahme auf meiner Lebensreise im Sommer 2021. Ein Ist-Zustand meiner eigenen Selbstreflexion und fachlichen Expertise. Ein Zwischenstand meiner aktuellen politischen Haltung und meiner langsamen Weiterentwicklung meines geistlichen Zugangs; denn auch mein Glaube verändert sich stetig in der Auseinandersetzung mit Rassismus. Auch ich habe mich schließlich lange nicht gefragt, wie Jesus eigentlich *weiß* und Christ geworden ist. Dieses Buch ist ein Ausdruck meiner biografisch reflektierten Art und Weise, mich als Schwarze Christin in einer *weißen* Dominanzgesellschaft und Kirche mit dem Thema Rassismus auseinanderzusetzen. Es ist das Buch, das ich mir gewünscht hätte, als ich jünger war. Es ist das Buch, das ich gern Menschen geben möchte, die dieserart Informationen und Sichtweisen anderswo in der Kirche nicht bekommen.

Seit 38 Jahren bin ich mit Rassismus konfrontiert, seit 15 Jahren ist mir das auch bewusst. Seit zehn Jahren beschäftige ich mich beruflich mit dem Thema Rassismus in der Kirche, und seit zwei Jahren rede ich darüber öffentlich in den sozialen und digitalen Medien. Ich bin nicht sprachfähig über Rassismus auf die Welt gekommen. Die Sensibilität dafür und das Sprechen darüber mussten sich auch bei mir entwickeln, und ich habe immer mehr gelernt, seitdem ich mich bewusst damit auseinandersetze. Durch die Diskussionskultur, die Bedürfnisse, die Fragen und die Herausforderungen in der Kirche konnte ich vor allem in den letzten Jahren viel lernen. All diese Erfahrungen fließen in dieses Buch ein. Vielleicht würde es in fünf Jahren ganz anders aussehen – vor fünf Jahren hätte es sicherlich anders ausgesehen.

Allein die Frage, wie Jesus *weiß* geworden ist, ist komplexer, als sie in dem gleichnamigen Kapitel erörtert werden kann. Dahinter steht eine lange kolonialistische Traditionslinie, die sich erst bei der Lektüre des gesamten Buches erschließen wird.

Da wir uns an einigen Stellen in der Kirche in Deutschland seit dem Sommer 2020 intensiver mit dem Thema Rassismus auseinandersetzen, wächst das Bewusstsein für verinnerlichte Vorstellungen, gewohnheitsmäßige Sprache, reflexhafte Verhaltensweisen, äußere Strukturen, und einiges kommt in Bewegung! Ich denke, dass ein Buch zum Thema »Rassismus und Kirche« jetzt dran ist.

Dieses Buch ist ein Versuch, der vorläufig und anfechtbar ist. Es ist ein versöhnliches Experiment, mit Ihnen über Rassismus ins Gespräch zu kommen. Ich mache mich angreifbar und verletzlich, um Sie mitzunehmen. Ich werde persönliche Dinge teilen und sie zugleich in einen großen geschichtlichen und globalen Zusammenhang setzen.

Durch die Verflechtung von persönlichen Erfahrungen und Hinweisen auf allgemeine Strukturen will ich auch zum Ausdruck bringen, dass Rassismus viel mehr ist als individuelle Vorurteile, Ausgrenzung und Diskriminierung. Er ist ein Merkmal unseres Systems, unserer sozialen und kirchlichen Strukturen. Weil Rassismus unsere christliche Gemeinschaft vergiftet, ist er unser aller Problem und geht uns alle etwas an. Schon an einigen Stellen war ich aufgrund meiner Antirassismusarbeit mit Hass konfrontiert, den ich zuvor so nicht erlebt hatte. Aber ich fühle mich der Kirche zugehörig, bin für sie mitverantwortlich, ich möchte sie verändern und mitgestalten.

Einige von Ihnen werden sich ärgern und angegriffen fühlen, andere werden denken, das könne ich noch deutlicher sagen, und wieder andere werden sich an manchen Stellen vielleicht an eigene Rassismuserfahrungen erinnern. Letzteres tut mir schon jetzt leid, und ich möchte euch, liebe Geschwister, ganz besonders bitten, das Buch zuzuschlagen, wenn ihr merkt, dass euch die Lektüre nicht guttut. Manchen Menschen wird das Buch vielleicht zu oberflächlich erscheinen, denn es hat keinen Anspruch auf Vollständigkeit – das fände ich, um ehrlich zu sein, auch anmaßend. Es soll vielmehr Denkanstöße und Anregungen geben, wissenschaftliche Erkenntnisse weitergeben, in die Geschichte gucken und meine Erfahrungen aus der rassismuskritischen Bildungsarbeit und Vernetzung in der Kirche teilen. Es soll keinen fertigen Masterplan darstellen, wie wir nach einem Zehn-Punkte-Plan Rassismus aus der Kirche verbannen, vielmehr dazu dienen, miteinander ins Gespräch zu kommen. Daher wird es immer mal wieder Fragen zur Selbstreflexion oder auch Empfehlungen zum Weiterhören und -lesen geben. Wir stehen in unseren Kirchen in Deutschland erst am Anfang der Rassismus-Debatte und sollten auf jeden Fall miteinander im Gespräch bleiben. Das können wir zum Beispiel über Social Media oder auf unserem Blog www.rassimusundkirche.de tun.

So oder so wird es eine spannende Reise.

Meine Tonalität in diesem Buch ist die Art, die ich zurzeit als gut empfinde, um über Rassismus im kirchlichen Kontext zu sprechen. So spreche ich in meinem Beruf, in meiner Gemeinde, unter Freund*innen und in der Familie. Diese Art empfinde ich aus meiner Biografie und aus meinem Glauben heraus als angenehm, aber das ist a) mein ganz persönliches Empfinden, und ich möchte niemand anderem vorschreiben, dies ebenso zu handhaben, und es ist b) auch nur zurzeit so und sieht vielleicht in einigen Jahren ganz anders aus. Ich stelle mir selbst häufig die Frage, ob ich deutlich genug bin oder jemanden durch Äußerungen verletze, und lerne dadurch tagtäglich, diesen Balance-Akt zu meistern.

Das alles mache ich, weil ich von einer Kirche träume, die sich auf ihren Ursprung besinnen will und der die Perspektiven fehlen, um dies überhaupt tun zu können.

Im Galaterbrief 3,28 steht: »Da ist weder Jude noch Grieche.« Diese Vision des Apostels Paulus möchte ich mit Ihnen gemeinsam in die Realität umsetzen, weil ich vermute, dass Sie als Leser*in dieses Buches von genau solch einer Kirche träumen. Nach einem bitteren Blick auf die Realität und der Auseinandersetzung mit unterschiedlichen Diskriminierungsformen will ich wieder so werden, wie ich als Kind war: als ich noch glaubte, dass alle die gleichen Chancen und Möglichkeit haben – erst recht in der Kirche. Ich möchte wieder daran glauben und Hoffnung schöpfen, dass wir solch eine Kirche werden können und darin unserer Gesellschaft einen Schritt voraus sein können. Heute will ich dies aber nicht nur träumen, sondern auch bewusst daran arbeiten – und am liebsten mit Ihnen zusammen.

Und genau deswegen sollten wir miteinander ins Gespräch kommen. Sie als mehrheitlich *weiße* Leser*innenschaft und ich, die eine von vielen Stimmen vertritt, die von Rassismus zwar negativ betroffen ist, ihn aber, genauso wie Sie, internalisiert hat und versucht, auch sich selbst von alten Mustern und Denkstrukturen zu befreien. Ich will mit Ihnen darüber nachdenken, woher manche Denkmuster kommen, was uns auch kirchlich von klein auf geprägt hat und kritisch hinterfragt werden sollte.

Mein Christin-Sein ist für mich keine Vereinsideologie, sondern das Wichtigste und Allumfassendste in meinem Leben. Es hat mich von Geburt an geprägt und begleitet.

Als Person of Color bin ich aufgewachsen in einer *weißen* Welt und Kirche, die ich liebe. Und genau deshalb möchte ich Ihre Augen öffnen, weil ich Ihnen glaube, dass Sie es gut meinen. Aus diesem Grund schreibe ich dieses Buch und bitte Sie, dass Sie sich dies in Erinnerung rufen, wenn Sie sich ärgern oder wenn das, was ich schreibe, Wut in Ihnen auslöst.

Ich glaube Ihnen, dass Sie diese Welt ein Stück weit zu einem besseren Ort machen und Rassismus bekämpfen wollen – aus Ihrem Glauben oder Ihrer Überzeugung heraus –, so wie ich auch. Ich glaube, dass Gott sich die Gemeinschaft von Christ*innen vielfältig und divers vorgestellt hat und dass uns genau das tagtäglich herausfordert. Ich will mich mit Ihnen gemeinsam diesen Herausforderungen stellen, weil ich auf Sie setze, während Sie dieses Buch gerade in Händen halten. Warum ich das tue? Weil ich eine von Ihnen bin. Ich bin evangelische Christin und verstehe mich als Ökumenikerin im konfessionellen wie auch im weltweiten Sinn.

Ich wäge häufig ab: Soll ich etwas Kritisches sagen oder lächle ich freundlich, wie ich es gelernt habe? Diese Frage ist allgegenwärtiger Teil meines kirchlichen Lebens. Mein Streben nach Harmonie und das Bedürfnis, gemocht zu werden, sind oft schwer damit zu vereinbaren. Aber ich glaube, dass genau das meine Chance ist, eine gute Gesprächspartnerin und Brückenbauerin zu sein bei der gemeinsamen Suche, heilsam miteinander über Rassismus in der Kirche sprechen zu lernen.

Ich biete Ihnen an, ein Vertrauensverhältnis zu mir aufzubauen, das es mir erlaubt, Binnenkritik zu üben, die bis an die Substanz geht, wenn ich unter anderem den *weißen* Jesus hinterfrage. Für meinen *weißen* 88-jährigen Opa, der die NS-Zeit erlebte, war es sicherlich oft nicht leicht, mit mir über Rassismus zu sprechen, aber er tat es, weil er mich liebte. Sie sollen mich nicht lieben, aber Sie dürfen mich ein wenig kennenlernen, sodass wir eine Grundlage finden können, die es Ihnen ermöglicht, mir zuzuhören. Denn was ich schreibe, wird nicht immer angenehm sein. Vielleicht verderbe ich ihnen sogar das *weiße* Christkind im Stall von Betlehem. Ich biete Ihnen an, sich mit mir auf die Reise zu begeben, auch wenn Sie manchmal das Bedürfnis haben werden, dieses Buch lieber in die Ecke zu werfen. Wenn Ihnen danach ist, tun sie das übrigens gern. Was raus muss, kann in dem Fall raus, und das Buch wird es aushalten. Es darf dann auch gern ein paar Wochen dort liegen, bis Sie entscheiden, dass es nun Zeit ist weiterzugehen. Sie bestimmen das Tempo und können am besten ihre Kraft und Ausdauer einschätzen. So wird es eine lebendige Beziehung durch Höhen und Tiefen. Und damit das so sein kann, möchte ich Ihnen das »Du« anbieten. Das tun wir auch in unseren digitalen Antirassismus-Seminaren und haben die positive Erfahrung gemacht, dass wir damit eine Atmosphäre aufbauen, die Türen öffnet. Und wie ich es auch online immer sage: Sollten wir uns im realen Leben wiedersehen, können wir gern zum »Sie« wechseln.

Damit wir wissen, worüber wir sprechen, und sich manche nicht von neuen Begriffen überrollt fühlen, weil sie das ein oder andere Wort nicht verstehen, gibt es Fußnoten, in denen das Notwendige kurz erklärt ist. Ich versuche aber so zu schreiben, dass es für uns alle verständlich bleibt, weil mir der Dialog wichtig ist. Und um miteinander reden zu können, müssen wir uns auch verstehen

Ich werde im gesamten Buch mit einem Sternchen gendern, weil ich alle Geschlechter hineinnehmen will. Ich kann nicht über Rassismus sprechen und andere Diskriminierungsformen ignorieren, weil alle ineinander verflochten sind. Außerdem werde ich über Gott mal in der männlichen und mal in der weiblichen Form schreiben, weil auch das Teil von meinem Traum von Kirche ist und wir ihr und uns so gerechter werden. Wir können Gott nicht kategorisieren und unseren Vorstellungen unterordnen. Gottes Unverfügbarkeit wird durch das Abwechseln der Pronomen bekräftigt.

»Schwarz« werde ich groß schreiben, weil es nicht um die Farbe geht, sondern um ein Konstrukt, auf das ich noch detailliert eingehen werde, und weil die große Schreibweise den Widerstand und die Selbstermächtigung darstellen soll. *Weiß* werde ich kursiv schreiben, damit auch hier immer wieder in Erinnerung gerufen wird, dass es nicht um die Farbe geht.

Da ich einiges kritisieren werde, was uns vertraut und lieb ist, möchte ich euch einen kleinen Einblick in mein Leben gewähren, bevor ich den großen Bogen spanne, um Rassismus geschichtlich und strukturell zu erklären. Ich stelle mich euch vor, damit ihr wisst, wer die Frau ist, die hier auf einiges aufmerksam macht, das ihr noch nicht gesehen habt und vielleicht auch im ersten Moment nicht sehen wollt oder könnt.

Ich bin Sarah, 38 Jahre alt, verheiratet mit einem *weißen* Mann, Mutter von zwei Kindergartenkindern. Ich bin mitten im Ruhrgebiet bei den *weißen* Eltern meiner *weißen* Mutter aufgewachsen. Zu meinem Vater, der gebürtig aus Pakistan kommt, hatte ich nie wirklich Kontakt. Meine Mutter lebt nicht mehr. Das klingt für Außenstehende dramatischer, als es ist. Für mich war es normal, von Geburt an bei meinen Großeltern zu leben und dort wohlbehütet aufzuwachsen. Am Stadtrand von Oberhausen lebte ich in einer kirchlich stark engagierten und belesenen Arbeiter*innenfamilie. Meine Oma war wie eine Mutter für mich. Mit ihr verbrachte ich die meiste Zeit meiner Kindheit. Sie war nicht berufstätig, und ich ging daher auch nur von neun bis zwölf Uhr in den Kindergarten und verbrachte den Rest des Tages mit ihr zusammen, während mein Opa beruflich viel unterwegs war. Sie war mir am nächsten, und erst heute weiß ich, wie wichtig das für meine persönlichen Diskriminierungserfahrungen war.

Meine Oma floh 1945 mit ihrer Mutter und ihrem kleinen Bruder im Alter von elf Jahren von Pommern ins Ruhrgebiet. Bis zu ihrem Tod sprach sie kaum über ihre Fluchterfahrung, aber sie wusste, was Diskriminierung und Ausgrenzung bedeutete. Seit 1945 trug sie das Stigma »Flüchtling« und konnte dies ihr Leben lang nicht ablegen. Andere Identitätsentwürfe hatten dadurch weniger Platz. Aufgrund dessen konnte sie mir von klein auf immer das größte Verständnis schenken, wenn ich mal wieder das Gefühl hatte, nicht ganz dazuzugehören. Das Wort Rassismus fiel in diesen Zusammenhängen zwar nicht, das war um des lieben Friedens willen auch undenkbar, aber ich fühlte mich verstanden. Mein Opa kam aus einer klassischen Bergarbeiter-Ruhrgebiets-Familie. Wir hatten nicht viel, aber wir waren dem lieben Gott stets dankbar für all das, was wir hatten. Als besonders privilegiert hätte uns wohl niemand bezeichnet, weil wir es wirtschaftlich gesehen sicherlich auch nicht waren. Das führte vielleicht dazu, dass ich mich bis heute mit dem Begriff »*weiße* Privilegien« schwer tue, weil es so viele Menschen gibt, die *weiß* sind, aber eben auch viel weniger Privilegien haben, als ich sie heute genieße, obwohl mir das Privileg des *Weiß*-Seins mein Leben lang verwehrt bleibt.

Ich kannte in meiner Kindheit weder das Wort Privileg noch das Wort Rassismus. Gefühle für diese Wörter hatte ich jedoch, seit ich mich zurückerinnern kann. Das fing bei dem Poster an, das in dem Friseursalon bei uns im Viertel hing: eine blonde Frau mit einem Bob-Haarschnitt. Ich habe sie bis heute vor Augen, weil ich mir während meiner gesamten Kindheit wünschte, genauso auszusehen. Meine damalige beste Freundin war blond und sah in meinen Augen aus wie Barbie. Mir gab man von klein auf das Kompliment »Monchhichi«[3] mit auf den Weg, obwohl ich auch gern mal die Barbie gewesen wäre. Ich wurde mit einem Tier gleichgesetzt und nicht mit einem Topmodel mit viel zu langen Beinen. Als kleine Kinder bekamen wir Fragen gestellt, wie alt wir seien und ob wir schon in den Kindergarten gingen. Ich wurde zusätzlich gefragt, woher ich käme, und ich hatte schnell raus, dass die richtige Antwort die Herkunft meines Vaters war.

Auf den ersten Blick mag dieser Alltagsrassismus harmlos wirken, aber er begleitet mich mein Leben lang, kommt daher unter dem Deckmantel der Nächstenliebe, suggeriert mir, »anders« oder »besonders« zu sein, und hängt mit der historisch gewachsenen Erfindung von Menschenrassen und dadurch mit

3 Affenähnliche Puppen meiner Kindheit

einem strukturell verankerten System zusammen, auf das wir noch ausführlich zu sprechen kommen.

Neben diesem Deckmantel der Nächstenliebe habe ich von klein auf aber auch echte Liebe und viel Wertschätzung erfahren dürfen. Ich habe als Kind und Jugendliche das Gefühl vermittelt bekommen, dass es schön ist, dass ich auf der Welt bin, und dass ich Gaben und Talente habe. Dieses Gefühl bekam ich von Christ*innen, Gott, meiner Familie und am allermeisten von meinen Großeltern vermittelt. Für mich stand immer fest, dass ich von Gott geliebt und wunderbar geschaffen bin. Das ist bis heute ein Grundstein für mein Selbstbewusstsein.

Mir wurde nicht beigebracht, dass es auch nach 1945 Rassismus außerhalb einer rechten Szene gibt, und mir wurde als Kind und Jugendlicher auch nicht erzählt, dass ich von Rassismus betroffen sein könnte. Meine Großeltern hatten selbst als Kinder Rassismus im Wahnsinn der NS-Zeit erlebt, und nach Ende des Zweiten Weltkriegs wurde vieles einfach unter den Tisch gekehrt, und Probleme wurden totgeschwiegen. Das war vermutlich eine zu der Zeit angemessene Überlebensstrategie. Wie sollten sie mit all dem im Gepäck mir auch erklären, dass ich als Kind Rassismus erfahre, wenn sie selbst einen völlig anderen Erfahrungshorizont hatten? Und dennoch haben sie mich ausgerüstet und vorbereitet auf das Leben mit all seinen Herausforderungen.

Irgendwann fing ich an, mit meiner Familie über Rassismus zu sprechen und darüber, dass dieser nicht aufhörte nach 1945, sondern heute weiter subtil und gefährlich daher kommt und sich klammheimlich in unserer Gesellschaft, unseren Köpfen und in unseren Kirchen ausbreitet und Machtgefälle aufrechterhält.

Das Privileg, Schwarz zu sein

Die eigene Vergangenheit – die eigene Geschichte – anzunehmen,
bedeutet nicht, darin zu ertrinken; es bedeutet, sie zu nutzen.
Eine erfundene Vergangenheit lässt sich nicht nutzen,
sie bricht und bröckelt unter dem Druck des Lebens wie Lehm in der Dürre.
James Baldwin in: Nach der Flut das Feuer

Austen Peter Brandt, Gründer des Vereins *Phoenix e. V.*, sagte mal zu mir: »Sarah, es ist ein Privileg, dass wir Schwarz sind!« Das klingt zunächst merkwürdig, wo wir doch immer von *weißen* Privilegien sprechen. Er meint damit, dass wir schon früh erfahren haben, dass Rassismus grausam und fern von Gott ist. »Erkenntnisprivileg« sagt man auch dazu. Wir können Rassismus nicht leugnen, sondern haben ihn schon immer erkannt, weil wir von Geburt an mit ihm konfrontiert sind. Ich bewundere diese Haltung, aber ich frage mich auch, ob all die Anstrengung wirklich nötig war, um heute mit einer selbstverständlich sensiblen Wahrnehmung jeglicher Diskriminierungsformen durch die Welt zu gehen. Es wirkt auf mich noch ein wenig so wie die Reaktionen von Menschen, die Leid nicht aushalten können und zu erkennen versuchen, was Gott mit diesem Leid nun Gutes bewirken wolle. Auch in Bezug auf Gott denke ich oft: Nein, ich will und kann es nicht akzeptieren, dass Gott manche Dinge zulässt. Ich kann mir auch nicht alle Ungerechtigkeit einfach nur damit erklären, dass sie »menschengemacht« sein muss, wenn ich doch auch glaube, dass die Heilige Geistkraft bis heute in dieser Welt weht. Also muss ich diesen Widerspruch einfach aushalten, und wenn ich irgendwann die Möglichkeit haben sollte, vor Gott zu stehen, dann habe ich direkt ein paar Fragen parat. Vielleicht hinkt dieser Vergleich aber auch, und Austen hat Recht. Er ist 30 Jahre älter als ich, war bereits in den 1980er-Jahren Schwarzer Pfarrer in dieser *wei-*

ßen Kirche und setzt sich seitdem unermüdlich gegen Rassismus ein. Bestimmt sieht er Dinge, die ich heute noch nicht sehen kann, weil ich auch noch auf meiner Lebensreise bin.

Mein »Migrationshintergrund«

Lange Zeit habe ich mich damit zufrieden gegeben, dass Leute mir den Stempel »Migrationshintergrund« aufdrückten. In der Jugendarbeit wurde ich häufig damit betitelt, es sollte zeigen, wie international und bunt wir waren. Damit jede*r sieht: Hier ist jede*r willkommen, und wir sind alle gleich!

Das Wort Migrationshintergrund wurde im Zusammenhang mit mir zwar vermeintlich positiv benutzt, gleichzeitig wirkt der Begriff in unserer Gesellschaft aber wie eine Diagnose: Der ist unpünktlich, die macht ihre Aufgaben nicht, der ist schlampig, ... »Ja klar, die haben ja auch Migrationshintergrund.« – »So ist das bei denen halt.« – »Das haben die im Blut.« Da haben wir sie, die Anspielung auf die Erfindung der Menschenrassen, die dieses und jenes »im Blut haben« – hier wird dieser schädliche Glaube mit dem Euphemismus »Migrationshintergrund« bezeichnet. Es ist eine einfache Erklärung geworden, um Verhaltensweisen zu begründen, ohne sich mit der dahinterstehenden Problematik auseinandersetzen zu müssen. Heute weiß ich, dass man Synonyme wie »Migrationshintergrund« oder »Kultur« verwendet, um Menschen zu rassifizieren, ohne den Begriff der »Rasse« zu verwenden. Man spricht auch von »Kulturrassismus«: Dabei geht man davon aus, dass Migration oder Kultur unüberwindbare Hürden seien, und verschleiert dadurch die längst widerlegte Rassenideologie nur durch neue Begriffe. Die dahinter liegende Vorstellung des Konstrukts »Rasse«, dass es unüberwindbare Unterschiede zwischen *weißen* und Schwarzen Menschen gäbe, bleibt dabei also bestehen.

Ich wusste schon lange, dass mich die Bezeichnung »mit Migrationshintergrund«, auf mich bezogen, störte. Mir war sie unangenehm, aber ich habe es jahrelang über mich ergehen lassen, so von Leuten bezeichnet zu werden, die es nur gut meinten, die es für was Besonderes hielten. Daher habe ich mich nicht getraut, mein Unbehagen anzusprechen. Ich hätte nicht mal gewusst, wie ich es hätte ausdrücken sollen. In der Kirche meinte man es ja gut mit mir, und im Internet konnte ich nachlesen, dass »Migrationshintergrund« auf mich zutraf: Ich hatte schließlich einen Elternteil, der nicht in Deutschland geboren wurde. Da halfen auch nicht meine guten Manieren, mein Abitur, mein deutscher Pass mit Geburtsort Oberhausen, meine Ordination in der Evangelischen Kirche im Rheinland, Interesse an deutschem Kulturgut von Goethe über Pommes Schranke bis hin zu Helene Fischer, später dann unser Eigenheim im Spießerviertel, ein *weißer* Ehemann, zwei *weiße* Kinder (wobei man sich bei meinem Sohn noch nicht ganz einig ist), ein überproportionaler Hang zu Effektivität, fundiertes Wissen über die NS-Zeit und mein ordentlicher Ruhrpott-Dialekt. Ich liebte als Kind Bratkartoffeln mit Rahmspinat, verbrachte meine Sommer an der holländischen Nordseeküste, hatte echte Bergleute in meiner Familie, trank Medium-Sprudelwasser aus ausgespülten Senfgläsern und schaute gern die *Sendung mit der Maus*, den *Li-La-Launebär* und später *Gute Zeiten Schlechte Zeiten*. Wo war denn da bitte mein Migrationshintergrund? Evangelische Taufe, katholischer Kindergarten, Kindergottesdienste, die sogar mein eigener Opa hielt, Vorschule, Grundschule, Montessori-Gymnasium, Konfirmation, ehrenamtliches Engagement in der Jugendarbeit, Freiwilligendienst mit der *Vereinten Evangelischen Mission* in Tansania, CVJM-Kolleg, Uni, Nebenjob, WGs, ... Wenn es »den« deutschen Lebenslauf gäbe, ich würde viele Kriterien erfüllen. Was aber zum »richtigen« Deutsch-Sein fehlt: Ich bin nicht *weiß*. Und weil es an Begrifflichkeiten wie »People of Color« mangelte und »nicht-*weiß*« so klingt, als ob mir irgendwas fehlte, wählte man »Migrationshintergrund«, um auszudrücken, was sowieso alle sahen. Obwohl wir ja häufig beteuern, dass wir eigentlich keine Hautfarbe sehen und gleichzeitig oft voller Freude feststellen, wie schön bunt unsere Gemeinschaft ist. Es ist kompliziert.

Aber dieses Phänomen gibt es nicht nur in Bezug auf Schwarze Deutsche, sondern auch in Bezug auf Menschen mit Fluchterfahrungen – und das auch nicht erst seit 2015. Wie bereits erwähnt, ist meine eigene Oma 1945 als »Flüchtling« ins Ruhrgebiet gekommen und 2018 als »Flüchtling« von dieser Welt gegangen. Dieses Gefühl, nicht ganz dazuzugehören, hat sie nie ablegen können. Heute lebe ich mit vielen Geschwistern, die ebenfalls Fluchterfahrungen haben, in einer Gemeinde, und ich frage mich oft: Wie lange bleibt man eigentlich »Flüchtling«? Ist das ein lebenslanger Status, oder wird er im Laufe der Zeit durch andere Rollenaspekte ergänzt oder ganz abgelöst? Schreiben sich Menschen diesen Status selbst zu, oder ist er eine Fremdzuschreibung durch andere? Und ab wann sprechen wir eigentlich von einem kollektiven »Wir« trotz unterschiedlicher biografischer Erfahrungen? Vielleicht ist Flucht aber auch eine so prägende Erfahrung, dass »Flüchtling« den Menschen gar nicht von außen zugeschrieben wird, sondern von innen allgegenwärtiger Teil des Lebens bleibt. Auch das ist möglich. Ich weiß es nicht.

Kirche als Safe Space?

Seit meiner Kindheit wurde mir in der Kirche das Gefühl vermittelt, dass Kirche ein geschützter und ein besserer Raum sei als die Welt da draußen. Dazu habe ich später als Ehren- und Hauptamtliche selbst beigetragen, und in gewisser Hinsicht war es gut für mich und für viele andere, dieses Gefühl vermittelt zu bekommen und solch einen Ort in gewisser Weise auch zu schaffen. Bereits vor den in den letzten Jahren aufgedeckten Skandalen um sexuelle und spirituelle Gewalt in den Kirchen befragte der Autor Sami Omar das Ideal des geschützten Raums mit Blick auf People of Color und es leuchtete mir sofort ein: Sind Kirche und Jugendarbeit nicht höchstens für heteronormative, *weiße* Mittelschichts-Menschen ein Safe Space (»sicherer, geschützter Ort«)? Denn heterosexuell, *weiß* und einigermaßen wohlhabend zu sein, wurde bei aller verbalen Wertschätzung von Diversität doch irgendwie als Norm vorausgesetzt. Deutlich wurde das zum Beispiel, wenn sich jemand als homosexuell outete, Ehebruch beging oder jemand Übergriffe offen ansprach – dann waren diese Menschen plötzlich doch nicht mehr so willkommen wie vorher. Sie wurden zu Gebetsanliegen, Sünder*innen und Störenfrieden.

Die Illusion oder, besser gesagt, der tiefe Wunsch nach »Hier sind alle willkommen und gleichwertig!« beinhaltet nämlich den Trugschluss: Wir sind hier nur ein Safe Space, solange wir alle derselben Meinung sind und unsere *weiße*, heteronormative, eurozentrische Mittelschichts-Perspektive auf diese Welt als die Norm wahrnehmen. Sobald jemand aufgrund irgendeiner Form von Diskriminierung eine andere Lebenswirklichkeit hat, die andere nicht nachvollziehen können oder sogar von sich weisen, wird es problematisch. Dann gilt das, was »schon immer so gewesen« ist. Neue Ansichten zu entwickeln, ist schwierig und daher nicht immer willkommen, und Menschen müssen sich Akzeptanz erkämpfen. Die LGBTQIA*- und die Frauenbewegungen haben sich viel erkämpft, um einen hohen Preis. Die Kämpfe um Gleichberechtigung wurden häufig auf den Rücken der Betroffenen ausgetragen, und bis heute haben immer noch nicht alle gleiche Chancen in der Kirche.

Bei der Überwindung von Rassismus stehen wir noch ganz am Anfang. Wir sind noch in der Phase, in der wir individuellen Rassismus viel zu oft leugnen. Es tut besonders weh, wenn mir ein Safe Space versprochen wird und ich dann bemerken muss, dass ich hier doch nicht so safe bin. Es ist besonders enttäuschend, wenn ich den Mut aufbringe, meine Erfahrungen anzusprechen, und sie daraufhin verleugnet und kleingeredet werden oder gar ein Verteidigungsangriff folgt. So erging es mir mit meinem »Migrationshintergrund«: Ich hörte: »Wir sind alle gleich und willkommen«, ich wusste, das war gut gemeint, und gleichzeitig sah ich keine Möglichkeit, mein Unwohlsein zum Ausdruck zu bringen. Folgendes weiteres Beispiel dazu:

Ein Schwarzer deutscher Junge fährt ins Ferienlager. Ein langjähriger Mitarbeiter hält eine Andacht und will beschreiben, dass alle Menschen von Gott gleich geliebt sind. Um das zu verdeutlichen, nennt er marginalisierte Menschen, spricht von Fremden und schaut dabei den Jungen an. Er meint es nicht böse – ganz im Gegenteil. Seine Aussage war ja, dass Gott alle liebt. Den Schwarzen Jungen beschäftigt das die ganze Freizeit über, er traut sich aber nicht, das Erlebte anzusprechen. Zu Hause vertraut er sich seiner Mutter an. Diese ruft den Pfarrer an und spricht von Rassismus. Sobald der Pfarrer das Wort »Rassismus« hört, regt er sich fürchterlich darüber auf, wie die Mutter es wagen könne, seinem jahrelangen treuen Mitarbeiter Rassismus zu unterstellen.

Was ist da eigentlich schief gelaufen? Der Junge ist deutsch und wird doch zum Fremden gemacht. Und zwar in der Kirche, deren Botschaft »Alle sind hier willkommen und gleich!« auch das Motto der Andacht ist. Der Junge traute sich nicht, seine Gefühle im Safe Space anzusprechen. Vielleicht hat er nicht mal Worte für sein Unwohlsein – wie ich für meinen Migrationshintergrund. Aber er hat ein Seelsorgebedürfnis. Und keine Möglichkeit, es zu äußern. Die Mutter hat sicherlich auch ein Bedürfnis nach Seelsorge; schließlich wendet sie sich an den Pfarrer, weil sie sich Sorgen um ihr Kind macht. Der Pfarrer assoziiert mit Rassismus vermutlich ausschließlich Menschen, die mit böser Absicht handeln, oder gar den kahlrasierten Nazi in Springerstiefeln. Und selbstverständlich ist sein Mitarbeiter weit davon entfernt. Daher ist der Pfarrer entsetzt über die vermeintlich ungerechtfertigten Vorwürfe. In seiner Empörung und Verteidigungshaltung hat er, obwohl er professioneller Seelsorger ist, das Seelsorgebedürfnis der Mutter überhaupt nicht im Blick. Und das alles spielt sich ab im vermeintlichen Safe Space Kirche. Nun ist es leicht, den Pfarrer für dieses Verhalten zu kritisieren, aber seine Verteidigungshaltung kennen, glaube ich, viele von uns, wenn wir ehrlich sind. Wir wollen doch, dass es in der Kirche harmonisch ist, weil wir glauben, dass es hier besser zugeht als »da draußen«. In manchen Punkten stimmt das übrigens auch – ich glaube an die Kirche, und ich liebe sie, und ich stehe jeden Morgen auf, um sie aktiv mitzugestalten und zu verändern. Es ist aber gefährlich, einen Safe Space zu behaupten, wo keiner ist, in dem doch Verletzungen und Gewalt auftreten. Die Hemmschwelle, darüber zu sprechen, ist in diesem Kontext noch größer, es wird schwieriger, Diskriminierung, Gewalt und Ausgrenzung zu entlarven und zu verhindern. Menschen sind selbstverständlich gleichwertig vor Gott, aber nicht gleich in der Welt und auch leider nicht gleich willkommen. Wunsch und Realität stimmen (noch) nicht überein.

Meine Politisierung – ein langer Weg

Nun klingt es vielleicht manchmal so, als ob ich sehr viel über Rassismus wüsste, beobachtet hätte und schon sehr lange so sehe, aber ich kann dir sagen: Es war ein langer Weg bis hierhin. Politisierung nennt man diesen Weg.

Meine eigene Politisierung verlief leider nicht wie im Film *Matrix*. Dort wird der Hauptfigur Neo eine rote Pille angeboten, dank der er sofort alles direkt erkennen kann. Ich hätte noch immer gern und oft diese rote Pille, denn meistens erlebe ich eher das Gegenteil und habe das Gefühl: Je mehr ich mich mit Unterdrückungsmechanismen auseinandersetze, desto komplizierter wird das alles. Aber das macht das Lernen und das Leben gleichzeitig so spannend.

Es gibt vieles, das ich getan, gedacht oder auch verbreitet habe, wofür ich mich heute schäme. Ich bin dankbar, dass das lange vor Instagram war und niemand diese Dinge über mich im Internet findet. Meine innere Einstellung hat sich vielleicht gar nicht so gravierend geändert, wohl aber mein Bewusstsein und die Handlungen, die daraus folgen. Vielleicht wird sich auch deine innere Einstellung nicht ändern durch deine Lektüre, denn wir sind uns ja einig darin, dass wir Rassismus bekämpfen wollen. Wie es dazu gekommen ist, dass sich mein Bewusstsein und meine Handlungen verändert haben und immer noch stetig ändern, erzähle ich dir gern.

Das Gefühl, dass hier irgendetwas nicht stimmt und ich in irgendeiner Form ungerecht behandelt werde, begleitet mich so lange, wie ich mich zurückerinnern kann. Es gab aber keine Erklärung dafür, und es war auch nie »so schlimm«, denn ich wurde nicht verprügelt oder so. Rassismus, das waren für mich rassistische Anschläge. Wenn überhaupt, waren das die Erfahrungen meiner Brüder, welche zu Hause mit »Mobbing in der Schule« betitelt wurden. Dagegen schienen mir meine Erfahrungen unbedeutend und meine Gefühle kleinlich. Dabei stammen die offensichtlichen und die subtilen Diskriminierungen doch aus derselben Wurzel. Heute weiß ich, dass Ereignisse, die meine Gefühle auslösten, Mikroaggressionen genannt werden. Sie wirken wie viele kleine Mückenstiche, die im Endeffekt sogar krank machen können, wenn man permanent und häufig »gestochen« wird.

Unser Sohn ist drei Jahre alt und muss auf der Straße drei Fragen beantworten, zu denen er die Antworten auswendig gelernt hat: Wie heißt du? Wie alt bist du? Und gehst du schon in den Kindergarten? Kindern of Color wird häufig eine weitere Frage gestellt: Und woher kommst du? Kinder lernen schnell, dass die richtige Antwort meist nicht die eigene Herkunft, sondern die eines oder beider Elternteile meint. Und die lernen sie auswendig und geben die erwartete Antwort. Ich kann mich nicht genau daran erinnern, wann Menschen angefangen haben, mir diese Frage zu stellen, aber ich weiß, dass ich die richtige Antwort geben konnte, lange Zeit, bevor mir überhaupt bewusst war, was diese Frage in mir auslöste. Über Jahrzehnte habe ich diese Frage brav beantwortet, lieb gelächelt und halbbewusst bereits gemerkt, dass mir jedes Mal damit gesagt wurde: Du gehörst hier nicht so ganz dazu!

Mittlerweile weiß ich, wie sehr diese Frage nach der Herkunft verteidigt wird. Menschen tun häufig so, als ob es keine anderen Fragen gäbe oder als ob es ihr Leben massiv einschränken würde, wenn sie diese Frage nicht mehr stellen dürften. Mir wird entgegnet: »Es geht mir um ein ernsthaftes Interesse an den Mitmenschen.« Oder: »Diese Frage würde ich *weißen* Menschen genauso oft stellen.« Aber erstens glaube ich nicht, dass diese Frage *weißen* Menschen genauso oft gestellt wird wie mir, weil sie mir mein ganzes Leben lang mehrfach wöchentlich gestellt wird. Und zweitens: Nehmen wir mal an, man würde diese Frage tatsächlich *weißen* Menschen genauso oft stellen. Wenn dir nun trotzdem mehrere Menschen, die von Rassismus betroffen sind, sagen, dass sie sich durch die Frage verletzt fühlen, könntest du dir dann eventuell vorstellen, sie einfach nicht mehr zu stellen, weil ihr Wunsch als Argument ausreicht?

Es gibt Tage, da reagiere ich auf die Frage nach meiner Herkunft mit einer solchen ausführlichen Erklärung; es gibt aber auch Tage, da antworte ich einfach resigniert: »Ich komme aus Oberhausen. Mein Vater aus Pakistan.«

Wie bereits erwähnt, bin ich eigentlich harmoniebedürftig, was sicherlich auch mit meiner persönlichen Geschichte zu tun hat und mit der Tatsache, dass ich bei der Generation der Kriegskinder aufwuchs, der man nachsagt, ihre Überlebensstrategie sei, Probleme unter den Tisch zu kehren. Daher habe auch ich mich oft in meinem Leben dazu entschieden, nichts zu rassistischen Äußerungen zu sagen, und das war gar nicht mal immer nur schlecht. Ich kann auch nicht immer etwas sagen. Das würde ich weder wollen, noch hätte ich die Kraft dazu. Ich wäre ja ständig in Diskussionen verstrickt! Daher entscheide ich mich immer noch oft, einfach zu lächeln, weil mir für anderes die Kraft fehlt. Umso wichtiger ist es, dass wir *alle* hier und da intervenieren und aufmerksam machen, wenn uns Rassismus auffällt. Deshalb habe ich schließlich dieses Buch geschrieben: Weil ich glaube, dass auch du eine Gesellschaft und Kirche erleben willst, die Rassismus nicht duldet, dass dir aber bislang manchmal passende Worte fehlen. Ich hoffe, ich kann dir ein paar schenken.

Du weißt schon, dass es für mich ein Lernprozess war und ist, Worte zu finden, Rassismus zu bemerken und zu benennen. Ich habe zum Beispiel lange Zeit nicht wahrhaben wollen, dass ich nicht *weiß* bin. Mein gesamtes Umfeld war *weiß*, also musste ich es doch auch sein. Von klein auf wurde mir beigebracht, die Welt aus einer *weißen* eurozentrischen Perspektive zu sehen. Gleichzeitig habe ich die Welt aus *meiner* Perspektive wahrnehmen müssen, die nicht benannt wurde und dennoch da war. Mein eigenes Schwarz-Sein hatte ich komplett verdrängt, weil es ja viele andere auch taten, indem sie oft betonten, dass sie keine Hautfarben sähen. Selbst wenn ich in den Spiegel schaute, konzentrierte ich mich zwar schon früh auf meine Haare und darauf, dass ich langes glattes Haar haben wollte, aber dass ich nicht *weiß* war, habe ich völlig ignoriert. Gleichzeitig habe ich bis zu meinem 14. Lebensjahr im Sommer sehr penibel darauf geachtet, im Schatten zu sitzen, weil ich auf keinen Fall dunkler werden wollte. Hätte ich zu der Zeit Bleichcremes gekannt, hätte ich sie definitiv benutzt. Ich habe damit im Prinzip versucht, *weiß* zu sein und bin gescheitert. Vor dem Spiegel, aber auch in der Schule.

Mein Spitzname in der Mittelstufe war »Mokka«. Meine beste Freundin hatte ihn etabliert. Mir war er unangenehm und peinlich. Aber ich konnte es nicht begründen, und so hab ich es nicht mal meiner besten Freundin gegenüber angesprochen. Ich wusste ja nicht mal, was ich sagen sollte. Ich hatte nur ein Gefühl, aber keine Worte oder Belege. Komische Gefühle hatte ich auch im Geschichtsunterricht und im Konfirmationsunterricht, als wir über die NS-Zeit sprachen. Es wurde die Frage an uns gerichtet, wie wir wohl gehandelt hätten. Ich war immer sehr leise, wenn es um die NS-Zeit ging. Was hätte ich sagen sollen? Ich hatte ganz andere Fragen, die ich mich niemals zu fragen getraut hätte: Ob ich überhaupt eine Wahl gehabt hätte zu handeln? Ob ich nicht die gewesen wäre, die im Keller hätte versteckt werden müssen? Und nicht die, die andere hätte verstecken können? Meine Lebenswirklichkeit wurde nicht in den Blick genommen.

Als wir die Tänze der *Spice Girls* nachtanzten, war meine Rolle immer klar: Ich war das Schwarze *Spice Girl* Mel B. Alle fanden sie exotisch und cool, die Jungs standen aber auf Britney Spears oder all die anderen *weißen* Frauen in der *Bravo*. Sie hielten sich intuitiv von dem fern, was sie nicht kannten, oder ließen sich von dem anziehen, was ihnen in der *Bravo* als schön vorgestellt wurde. Es war eine Art Ignoranz gegenüber Mel B. und mir. Das war weder bewusst noch böswillig. Ignoranz ist selten beabsichtigt, tut aber meistens doch weh.

All das war nie Rassismus für mich und war dennoch allgegenwärtiger Teil meines Lebens und ist bis heute ein Päckchen, das ich mit mir herumtrage. Es ist leichter geworden, und ich bin älter geworden, aber ganz ablegen kann ich manches noch immer nicht. Noch heute erlebe ich, dass Menschen mich attraktiv finden und das auch äußern. Dann erinnere ich mich daran, dass das nur ein Teil der Wahrheit ist: denn Menschen, die man zwar aufgrund ihrer vermeintlichen Exotik attraktiv findet, will man aber weder als Partner*in fürs Leben noch als Mutter oder Vater der eigenen Kinder wählen. Heute gibt es Bücher und Umfragen, die mir bestätigen, dass dieses Gefühl nicht allein ich habe.

Schwarze Frauen entsprechen bis heute nicht den gängigen Schönheitsidealen. Das merkst du zum Beispiel daran, welche Bilder dir angezeigt werden, wenn du in Internet-Suchmaschinen »Schöne Frau« oder auch auf Englisch »Beautiful Woman« eingibst. Die Mehrheit der schönen Frauen ist *weiß*, obwohl die Mehrheit der Frauen auf dieser Welt Frauen of Color sind. Falls du nun denkst, dass die Suchergebnisse nur in Deutschland so sind, probiere es gern mal in anderen Teilen der Welt aus. Das globale Problem der *weißen* Vorherrschaft wird dadurch deutlich sichtbar.

Wie ich aber eben schon andeutete, habe ich nicht nur Rassismus erfahren, sondern ihn auch reproduziert. Ich bin schließlich auch Teil des Systems. Am deutlichsten vor Augen geführt wurde mir das, als ich nach dem Abitur für ein Jahr nach Tansania ging. Ich hatte sämtliche Stereotype und Vorurteile im Gepäck und flog mit der Intention zu helfen in den globalen Süden. Ich war die Art Freiwillige, die wir heute bei der *Vereinten Evangelischen Mission* nicht mehr so unvorbereitet zu solch einem Einsatz ausreisen lassen würden. Als ich vor Ort merkte, dass ich keine Hilfe, sondern eben eine Praktikantin war, hat mich das in eine richtige Krise gestürzt. Mein eurozentrischer Blick auf diese Welt fing langsam zu bröckeln an, und das tat richtig weh. Zudem hatte ich eine ghanaische pentekostale Gemeinde im Kopf, eine Pfingstgemeinde, wenn ich an afrikanische Kirchen dachte. Ich landete aber in der evangelisch-lutherischen Kirche von Tansania, und die war damals alles andere als die laute und lebendige Gemeinschaft, die ich mir vorgestellt hatte. Ich war enttäuscht. Zudem glaubten mir selbst die Leute in Tansania nicht, dass ich deutsch bin. Die Frage »Woher kommst du wirklich?« war also auch dort präsent. Meine Freund*innen nannten mich »Nusu-nusu«. Das ist Suaheli und bedeutet »halb-halb«. Früher fand ich das schön, und die Intention meiner Freund*innen war ja auch, mir damit zu sagen, dass ich halb *eine* von ihnen war und etwas mehr dazugehörte als die anderen *Weißen*. Hier in Deutschland würden die Menschen mich vielleicht auch gerne »Nusunusu« nennen, wenn sie das Wort kennen würden, aber die Betonung wäre eine andere und würde lauten: »Du bist halb *keine* von uns!« Früher fand ich diesen Spitznamen im Gegensatz zu »Mokka« schön, weil er mir schmeichelte. Heute frage ich mich, wie eine halbe Identität denn wohl aussieht? Und was bin ich eigentlich halb und halb? Ich würde mich lieber als ganz oder »sowohl als auch« bezeichnen, weil ich es heilsamer finde und weil ich gelernt habe, dass ich mich nicht kategorisieren lassen muss. Dennoch besteht gleichzeitig natürlich ein Bedürfnis, zu einer Gemeinschaft dazuzugehören. Und heute weiß ich, dass ich zu vielen dazugehöre: Ich gehöre zu meiner Familie, zu meiner Gemeinde, meinem Kollegium. Ich bin Mutter, Ehefrau, Freundin, Christin und Antirassismus-Aktivistin. Ich gehöre zu vielen, und das macht mich nicht klein oder »halb«, sondern groß und ganz.

Zu dieser Erkenntnis bin ich nicht über Nacht gekommen. Lange Zeit bin ich mit schmerzlichen Erfahrungen aus rassistischen Begegnungen gegangen, ohne darüber zu sprechen. Die Menschen, die mir mit rassistischen Äußerungen begegnet sind, habe ich ziehen lassen, ohne sie darauf aufmerksam zu machen. Ich habe mich bei meinen *weißen* Freund*innen aufgeregt, und diese waren entsetzt über die Ignoranz vieler Menschen. Mit Mitte zwanzig erst fing ich an, mich langsam mit anderen Sichtweisen zu beschäftigen, und Dinge, die mir als naturgegeben oder als Nächstenliebe verkauft wurden, zu hinterfragen. Gerade in Bezug auf mein Freiwilligenjahr beschäftigte ich mich mit dem Thema »White Saviorism« (*Weiße* Retter*innenschaft) und meiner eigenen Haltung, mit der ich nach Tansania gegangen und deutlich auf die Nase gefallen war. Ich las Bücher und wurde irgendwann auch aufmerksam auf sogenannte »Schwarze Deutsche«. Langsam begann ich zu verstehen, dass mich das Thema Rassismus viel mehr und viel tiefgreifender betraf, als ich bis dahin gedacht hatte. Meine Gefühle, die immer präsent waren und für die ich keine Worte gefunden hatte, konnte ich endlich ausdrücken und mich in anderen Menschen wiederfinden.

Die Künstlerinnen und Aktivistinnen Noah Sow und May Ayim schenkten mir Worte, und es war befreiend zu verstehen, dass all die Gefühle nicht mein Problem waren und es nicht an mir lag, sondern Rassismus das Problem war. Ohne diese Worte hatten meine Erfahrungen keine Wirklichkeit. Es war und ist bis heute eine unfassbare Erleichterung zu wissen, dass es kollektive Erfahrungen Schwarzer Menschen in *weißen* Mehrheitsgesellschaften gibt, die uns miteinander verbinden. Ich war plötzlich nicht mehr alleine. Meine Erfahrungen waren historisch eingebettet in ein System, das man Rassismus nennt. Zu Beginn sprudelten diese neuen Erkenntnisse nur so aus mir heraus. Lang genug hatte ich geschwiegen. Nun sollte die Welt es wissen. Das war zu Beginn sicherlich nicht einfach für mein Umfeld, weil ich bei weitem nicht so reflektiert war, wie ich es heute bin. Aber endlich hatte ich Worte! Ich hatte dadurch sogar Worte für mich, denn ich bezeichne mich seitdem als Schwarze Deutsche oder als Person of Color. Das macht etwas mit mir, dass ich nicht mehr nur »nicht-*weiß*« bin oder dunkelhäutig. Es ist Teil meiner Identität, die ich nicht mehr als defizitär empfinde. Mir fehlt nichts, sondern ich habe etwas: »Ich bin eine Schwarze Frau.« Du kannst dir gar nicht vorstellen, wie schwer es für mich war, diesen Satz so aussprechen zu können. Und wie befreiend.

Es passiert mir bis heute, dass Menschen mir sagen: »Naja, so ganz Schwarz bist du ja auch nicht.« Ich weiß, was sie meinen, weil ich heller bin als manch andere Menschen of Color und auch das privilegiert mich, aber ich frage dennoch zurück: »Wer ist denn ganz Schwarz und ganz *weiß*?« – und stelle damit klar, dass kein Mensch ganz Schwarz oder ganz *weiß* ist. Wären mein Mann und ich tatsächlich *weiß* und Schwarz, wären unsere Kinder womöglich grau.[4] Es geht doch letztendlich gar nicht um Hautfarben. Es geht um ein Konzept und ein Konstrukt von *Weiß*-Sein. Das merkt man gut an Zeichentrickfilmen, zum Beispiel an *Fix und Foxy*. Das sind zwei Füchse. Füchse können nicht Schwarz oder *weiß* sein, und dennoch werden sie *weiß* gelesen. Das wird besonders deutlich in einer Folge, in der sie in Südamerika sind und als »*weiße* Männer« angesprochen werden. So absurd das klingt, so absurd *sind* diese uralten Konst-

4 Diesen Vergleich habe ich übernommen von Patrick Depuhl und Judy Bailey aus »Das Leben ist nicht schwarz-weiß: Geschichten von Wurzeln, Welt und Heimat«, Asslar 2021, S. 16

rukte von Schwarz und *weiß*, und dennoch stecken sie so tief ins uns, dass wir sie nicht ganz ablegen können.

Für viele *Weiße* ist es daher ungewöhnlich, wenn sie explizit als »*weiß*« bezeichnet werden. Weil sie die Norm darstellen, von der die anderen abweichen, sind sie es nicht gewohnt, eigens benannt zu werden. Es gibt *weiße* Menschen, die empfinden es sogar als rassistisch, kategorisiert zu werden. Dass das per Definition nicht möglich ist, werde ich später ausführlicher erklären. Hier nur kurz: Solange es Rassismus gibt, hilft es uns nicht, diese Kategorien zu ignorieren. Es hilft auch nicht zu sagen: »Ich sehe keine Hautfarben.« Auch wenn das gut gemeint ist, nimmt es die Lebenswirklichkeit von People of Color nicht in den Blick. Genauso wenig können wir mit Begriffen wie »People of Color« nur diese sichtbar machen. Wir müssen *weiße* Menschen auch als *weiß* bezeichnen, weil diese sonst als Standard und »normal« gelten, während People of Color als Abweichung von diesem Standard wahrgenommen würden. Das würde an koloniale Denkstrukturen anknüpfen. Diese Bezeichnungen sind für uns alle vielleicht fremd; aber weißt du, ich habe mich als Schwarze Frau mein ganzes Leben lang fremd gefühlt in einer *weißen* Dominanzgesellschaft, und daher ist es umso befreiender, dass es nun für vieles Worte gibt und wir darüber reden können, um gemeinsam das System zu bekämpfen, das uns allen Schaden zufügt. Womöglich hat Austen in dieser Hinsicht Recht, wenn er von dem Privileg des Schwarz-Seins spricht. Für mich ist es nicht ungewohnt, kategorisiert zu werden. Es ist nicht so schmerzhaft für mich und es erschreckt mich nicht, dass es Rassismus gibt, weil er schon immer da war in meinem Leben. Ich habe kein Gespür dafür entwickeln müssen. Daher erlebte ich diese Erkenntnis als befreiend, wohingegen *weiße* Menschen es als schmerzhaft und beschämend empfinden, Rassismus in der Welt zu erkennen. Ich habe gelernt, für mich Worte zu finden und all das Wissen in Bildungsformaten auch weiterzugeben. Das erlebe ich tatsächlich heutzutage als Privileg.

Später habe ich angefangen, auf Instagram darüber zu posten, und mehr Menschen fanden es interessant und hilfreich, meine rassismuskritische Perspektive einzunehmen. Und mit dem Aufkommen der *Black-Lives-Matter*-Bewegungen in Deutschland stieg das Interesse auch in der Kirche. Heute empfinden mich weitaus weniger Menschen als nervig, wenn ich Diskriminierung anspreche. Da hat sich schon einiges getan in unseren Kirchen, auch wenn der Weg noch sehr lang ist.

Es hilft mir heute sehr, mich mit anderen People of Color innerhalb der Kirche auszutauschen und mich weniger allein mit meinen Erfahrungen zu fühlen. Zum einen waren das natürlich viele schmerzhafte Erfahrungen. Ich erlebte sehr früh Barrieren, die einen Menschen behindern, der als »anders« und als fremd empfunden wird. Zum andern hat mich das Aufwachsen in einem *weißen* Umfeld für Diskriminierung und Ausgrenzung sensibilisiert, ich lebte ja im Spagat zwischen dieser *weißen* Mehrheit und meiner Perspektive. Dies ermöglicht mir bis heute, beide Perspektiven einzunehmen und Ursachen für manche Befindlichkeiten zu sehen. Dieser Spagat ist zu einer Brücke geworden, über die ich heute versuche, Menschen miteinander ins Gespräch zu bringen.

Die Antirassismusarbeit ist ein fortlaufender Prozess, der höchstwahrscheinlich nicht enden wird, solange ich lebe. Ich werde das Ende des Rassismus' nicht erleben, und das meine ich gar nicht so pessimistisch, wie es vielleicht klingt. Wir reden schließlich von einem 500 Jahre alten Konstrukt mit einer noch längeren Vorgeschichte, die so tief in mir steckt, dass ich selbst manchmal noch davon überrollt werde und geschockt bin. Ich habe zwar theoretisch verstanden, dass die Unterscheidung von Menschen nach Hautfarben oder Herkunft völliger Nonsens ist, aber Theorie und Praxis stimmen auch in meinem Leben nicht immer überein.

Erst letztens war ich mal wieder entsetzt von mir selbst. Nach einem Jahr Arbeit im Homeoffice mit vielen Videokonferenzen stimmte etwas mit meinen Augen nicht, ich musste zur Augenärztin. Ich suchte also im Internet nach Praxen in meiner Nähe. Es gab zwei: ein Augenarztzentrum Müller und eine Praxis von Dr. Moustafari. Ich spürte in mir ein Zögern: Die erste klang ja nicht nach einer normalen Praxis, sondern bot gleich ein ganzes Zentrum – klingt gleich viel besser ausgestattet und professioneller, nicht wahr? Zugleich spürte ich, dass diese Bevorzugung am Namen des zweiten Arztes lag, und ich ärgerte mich über mich selbst, dass diese leise Stimme in meinem Hinterkopf flüsterte und mich ins Augenarztzentrum lotsen wollte – mich, die ich mich tagtäglich gegen Rassismus einsetze, die ich selbst aufgrund meines Namens Rassismus erfahre und sogar erklären kann, woher solche Denkmuster und Vorurteile kommen! Ich weiß doch sogar Studien zu zitieren, wohin das führt: Menschen mit Namen, die nicht nach dem mitteleuropäischen Standard klingen, haben weniger Chancen auf dem Wohn- und auf dem Arbeitsmarkt als die Müllers dieser Welt. Das erzähle ich doch ständig anderen Leuten! Wie konnte es sein, dass ausgerechnet ich auch nur eine Millisekunde darüber nachdenke, zu welchem Augenarzt ich gehe? Diese Einsicht führte letztendlich dazu, dass ich monatelang meinen Besuch beim Arzt vor mir herschob. Ich war so gelähmt und schockiert durch meine eigene Scham, dass ich das Thema komplett ausblenden wollte, obwohl ich dir erzählen würde, dass es um Verantwortungsübernahme und nicht um Scham und Schuld geht. Dennoch sitzt dieses Schubladendenken so tief in uns allen, versteckt sich und kommt in solch alltäglichen Situationen plötzlich leise und subtil zum Vorschein und wertet Menschen ab, ohne dass wir es immer bewusst wahrnehmen.

Es ist ein fortlaufender Lernprozess, in dem kein Ende in Sicht ist, der aber trotzdem lohnenswert ist. Ich weiß dadurch heute vor allem viel genauer, wer ich bin, und lerne immer noch, mich mehr und mehr zu erkennen. Ich habe zum Beispiel auch Privilegien, derer ich mir bewusst bin und die ich gezielt nutze. Ich bin Akademikerin und Christin, spreche akzentfrei Deutsch, habe eine hellere Hautfarbe innerhalb der Schwarzen Community[5], ein gutes sicheres Einkommen, lebe in einem überdurchschnittlich reichen Stadtteil, und wir haben als Familie genug Geld, um problemlos jedes Jahr in den Urlaub fahren zu können. Manche dieser Privilegien hatte ich als Kind nicht. Ich bin mir durchaus bewusst, dass all das dazu beiträgt, dass ich in der Kirche gehört werde. Darum könnt ihr dieses Buch lesen. Bis ich das alles aber so differenziert sehen konnte, vergingen mehr als fünfzehn Jahre – das war die Zeit meines Freiwilligenjahres bis zu dem Zeitpunkt, als ich Mutter wurde. Und als ich durch das Konzept der Intersektionalität mehr Klarheit gewann.

5 *Colorism* nennt man die Diskriminierung aufgrund der tatsächlichen Hautfarbe bzw. Hautschattierung. Demnach wurden Menschen dunklerer Hautfarbe (dark-skinned) bereits im Sklavenhandel – die Selbstbezeichnung lautet in Suaheli *Maafa*: Unglück, große Katastrophe – gegenüber Menschen mit hellerer Hautfarbe (light-skinned) benachteiligt. Die Auswirkungen bestehen bis heute und sind zurückzuführen auf die Erfindung des Konstrukts der Menschenrassen.

Intersektionalität

Der Mann sagt, dass Frauen beim Einsteigen in eine Kutsche geholfen werden müsse und auch beim Überqueren von Gräben und dass ihnen überall der beste Platz zustehe. Mir hat noch nie jemand in einen Wagen geholfen. Bin ich etwa keine Frau? Ich habe 13 Kinder geboren und erlebt, wie die meisten von ihnen in die Versklavung verkauft wurden, und wenn ich um sie weinte, hörte mich keiner außer Jesus. Bin ich etwa keine Frau?
Sojourner Truth, 1851[6]

Mit dieser Rede hat Sojourner Truth vor über 150 Jahren erstmals *weiße* Frauen wegen des Rassismus' und Schwarze Männer wegen des Sexismus' kritisiert. Diese Form der Mehrfachdiskriminierung wurde lange Zeit nicht in den Blick genommen, erst seit 1989 gibt es durch Kimberlé Crenshaw einen Namen dafür: Intersektionalität. Intersektionalität beschreibt die Überschneidung und Gleichzeitigkeit verschiedener Diskriminierungskategorien gegenüber einer Person. Das Wort stammt von dem englischen Wort »Intersection« und bedeutet Straßenkreuzung. An einer Kreuzung fließt der Verkehr aus verschiedenen Richtungen zusammen. So kann auch Diskriminierung aus verschiedenen Richtungen kommen. Wenn es zu einem Unfall kommt, ist es manchmal schwer zu sagen, aus welcher Richtung nun das Fahrzeug kam, das den Unfall verschuldet hat. Vielleicht war es auch ein Zusammenwirken, und das Opfer wurde aus mehreren Richtungen verletzt. So ist es auch mit unterschiedlichen Diskriminierungsformen. Ich kann zum Beispiel nicht immer eindeutig sagen, ob ich in einer Situation aufgrund von Sexismus oder Rassismus benachteiligt werde.[7] Ich kann aber

---

6 Truth, Sojourner in: Schwarzer Feminismus. Grundlagentexte, hg.v. Natasha A. Kelly, Münster 2019, S. 16

7 https://www.gwi-boell.de/de/intersektionalitaet, Zugriff: 31.08.2021

sagen, dass Menschen, die mittig auf einer Kreuzung stehen und mehreren Formen von Diskriminierung ausgesetzt sind, eine höhere Unfallwahrscheinlichkeit haben und es daher wichtig ist, den Unfall zu rekonstruieren.

Für mich wurde Intersektionalität am stärksten in meiner Rolle als Mutter sichtbar, aber sie geht weit darüber hinaus. Als 38-jährige, studierte und verheiratete Frau, kirchliche Mitarbeiterin in leitender Funktion, deutsche Person of Color und Mutter von zwei Kindern werde ich in der Kirche regelmäßig und selbstverständlich als »jung« bezeichnet, erfahre individuellen Sexismus und Rassismus. Daher ist es mir ein großes Anliegen, in diesem Buch Rassismus nicht als eine Form der Diskriminierung im luftleeren Raum zu betrachten. Das wäre nicht stimmig und nicht richtig.

Die intersektionale Perspektive veranschaulicht vielmehr, dass sich Formen der Benachteiligung und Unterdrückung nicht einfach aneinanderreihen, sondern in ihren Verschränkungen und Wechselwirkungen Bedeutung bekommen. Menschen können aufgrund von Herkunft, Alter, Klasse, Geschlecht, Religion, Sexualität, Behinderung und anderen Kategorien diskriminiert werden. Jede dieser Dimensionen der Diskriminierung wirkt nicht allein, sondern im Zusammenspiel mit den anderen. Der intersektionale Blick erlaubt es, vielfältige Ungleichheits- und Unterdrückungsverhältnisse einzubeziehen, die durch eine Kategorie allein nicht erklärt werden können.[8]

Viele von uns erleben an einer Stelle Benachteiligung, werden an anderer Stelle aber bevorzugt behandelt. Nur weil wir aufgrund einer Kategorie Diskriminierung erfahren, sind wir nicht davon befreit, darüber nachzudenken, wie wir in einem anderen Bereich von der Unterdrückung anderer profitieren. Wir alle erleben auf irgendeine Art und Weise Privilegien und sollten uns dessen bewusst sein. Auch wenn ich Sexismus und

---

8 https://vielfalt.uni-koeln.de/antidiskriminierung/unboxingdiscrimination/mehrfachdiskriminierung, Zugriff: 31.08.2021

Rassismus erlebe, so bin ich doch privilegiert aufgrund meiner sozioökonomischen Situation, meines deutschen Passes, meiner helleren Haut innerhalb der Schwarzen Community, meiner Heterosexualität und dem Umstand, dass ich nicht behindert werde. Gleichzeitig ist meine Erfahrung von Sexismus und Rassismus mehr als nur die Summe der beiden Formen von Diskriminierung. Wenn wir hier zum Beispiel dem Vorurteil der wütenden Schwarzen Frau auf den Grund gehen wollen oder der Infantilisierung von asiatisch gelesenen Frauen, können wir dies nur tun, indem wir die Problematik intersektional betrachten.

Schwarze heterosexuelle Männer und *weiße* lesbische Frauen aus der Mittelschicht sind jeweils von einer Richtung der Kreuzung betroffen, während eine Schwarze trans Frau, die einen Rollstuhl nutzt, mehrfach gefährdet auf der Kreuzung steht. All diese Systeme lassen sich nur aufbrechen, wenn wir sie im Gesamtpaket und das Zusammenspiel von Benachteiligung und Privilegien betrachten. So bekommt eine *weiße* Person die Jobs, auf die Schwarze Menschen aufgrund rassistischer Vorurteile Absagen kassiert haben. Frauen werden benachteiligt, weil Männer bevorzugt werden. Alles passiert aufgrund eines Ungleichgewichts und in Abhängigkeiten, die nicht leicht zu differenzieren sind.[9] Hier wird noch einmal deutlich, dass wir nicht alle gleich sind. Ganz im Gegenteil: Die Bevorzugung der einen geschieht auf Kosten der anderen. Dies muss trotz unserer gleichen Würde vor Gott immer mitgedacht werden, solange das Reich Gottes nicht vollendet ist in der Welt.

Ich weiß nicht, wie es dir geht. Mich lässt die Betrachtung der Wechselwirkung von Diskriminierungsformen demütig werden. Wir hängen da alle irgendwie drin und können sie nur gemeinsam entzerren. In der Kirche sind wir nicht frei davon. In unseren Antirassismus-Seminaren habe ich manchmal das Gefühl, dass sich in der Kirche auf eine bestimmte Art leichter über

---

9 Roig, Emilia: Why we matter: Das Ende der Unterdrückung, Berlin 2021, S. 342

Rassismus als über Sexismus diskutieren lässt. Denn solange wir nur über Rassismus reden, fühlen sich alle *weißen* Menschen, als säßen sie gemeinsam in einem Boot und wären gemeinsam ähnlich betroffen und angesprochen. Sobald wir über Sexismus sprechen, fühlen sich Männer angegriffen, und wenn wir über Klassismus sprechen, schreien die verbeamteten Pfarrer*innen auf und gehen in die Verteidigung. Natürlich gibt es Ausnahmen, aber *jeglicher* Aufschrei wäre unnötig, wenn wir alle Unterdrückungssysteme gleichzeitig in ihrer Wechselwirkung betrachten würden. Dann müsste am Ende keine*r mehr aufschreien, sondern wir alle könnten gemeinsame Wege gehen.

Mutter-Sein

Da sagt dieser kleine Mann in schwarz da zu mir, Frauen könnten nicht so viele Rechte haben wie Männer, weil Christus keine Frau war! Wo kam denn ihr Christus her? Von Gott und von einer Frau! Ein Mann war nicht daran beteiligt.
Wenn die erste Frau, die Gott erschuf, stark genug war, um die ganze Welt ganz allein auf den Kopf zu stellen, sollten all diese hier zusammen in der Lage sein, sie noch einmal umzudrehen und wieder auf die Füße zu stellen! Und jetzt, da wir danach verlangen, täten die Männer besser daran, sich uns nicht in den Weg zu stellen.
Sojourner Truth, 1851[10]

Mit Beginn meiner ersten Schwangerschaft begann sich mein Blick auf diese Welt noch einmal neu zu sortieren – vor allem zum Thema Rassismus und Sexismus. Als Frau wirst du wohl so oder so zu kaum einer anderen Zeit mit mehr Stereotypen konfrontiert als in der Schwangerschaft und in der Mutterrolle. Als Frau of Color kamen weitere Herausforderungen und Konfrontationen auf mich zu.

---

10 Truth, Sojourner: Schwarzer Feminismus, S. 16

Zum einen war es der Rassismus, mit dem ich noch einmal in neuer Form konfrontiert war. In beiden Schwangerschaften war es Thema Nummer eins, wie dunkel die Kinder in meinem Bauch wohl würden. Es ging, wie bei anderen Paaren, nicht einfach nur darum, wem das Kind ähnlich sieht. Hautfarbe war das Thema, weil mein Mann *weiß* ist und ich Person of Color bin. Seitdem zieht sich daneben all das durch, was mit mir als Mutter of Color assoziiert wird. Als ich mit unserem Kind wegen einer Erkältung beim Kinderarzt war, fragte er mich, wie viele Sprachen das Kind spreche. Wäre diese Frage in einer Untersuchung gestellt worden, in der es um Sprachentwicklung ging, wäre es vollkommen in Ordnung gewesen, aber es ging um eine verstopfte Nase. Der Kinderarzt wollte aber herausfinden, wo ich denn eigentlich herkomme. So ergaben sich auch Fragen bezüglich einer Impfung, die wir für einen Urlaub brauchten: »Ach, fahren Sie die Familie besuchen?« Selbst meine Tochter fand das irritierend, weil sie natürlich wusste, dass wir im Urlaub keine Familie besuchten, und es komisch fand, wie der Kinderarzt auf solch eine Frage kam. Ich antwortete: »Ich wüsste nicht, wozu ich diese Impfung bräuchte, um meine Familie in Oberhausen zu besuchen.« In der Krabbelgruppe meiner Gemeinde war ich als Mutter auch nicht geschützt vor Mutmaßung über das Aussehen unserer Tochter. Als die anderen Mütter angesichts der vielen Haare unserer Tochter schwärmten, stellte eine Mutter fest, dass sie ja nur deshalb mehr Haare habe als die anderen Babys, weil sie kein rein deutsches Baby sei. Ich widersprach und sagte, dass sie sehr wohl deutsch sei, weil mein Mann und ich doch beide deutsch wären. Sie bemerkte meinen Unterton nicht und blieb dabei: »Naja, ich meine, sie ist kein urdeutsches Baby. Du weißt doch ganz genau, was ich meine.« Alle anderen Mütter im Raum stimmten ihr zu. Es war nur die Spitze des Eisbergs an Kommentaren von Eltern. Für mich war das der Tag, an dem ich beschloss, keine weitere Krabbelgruppe zu besuchen. Unser zweites Kind kam demnach nie in den Genuss einer Krabbelgruppe.

Im kirchlichen Kindergarten konnte ich den Vorurteilen nicht so leicht aus dem Weg gehen, also ging ich in die Offensive um zu beweisen, wie deutsch und engagiert ich war. Schon beim Infoabend wurde mir klar, dass ich das tun müsste. Ich fragte die Leiterin des Kindergartens, ob wir unsere Tochter eventuell mitbringen dürften zum Infoabend, weil wir ein Betreuungsproblem hätten. Sie erklärte mir ausführlich, dass es in der deutschen Kultur unüblich sei, Kinder nach 19 Uhr irgendwohin mitzunehmen. Sie kenne aus anderen Kulturen, dass Kinder dort die ganze Nacht wach seien, aber hier wäre das nicht erwünscht und sollte vermieden werden. Es war ein gut gemeinter Ratschlag, den sie allerdings dem *weißen* Elternpaar nicht gegeben hatte, das sein Kind zum Infoabend mitbrachte, während wir eine Babysitterin organisiert hatten. Dieses Erlebnis löst bis heute etwas in mir aus, macht in vielerlei Hinsicht wütend und setzt mich gleichzeitig unter Druck, es allen beweisen zu müssen. Mein *weißer* Mann nahm die Situation gelassen und macht keinerlei Anstalten, irgendwem irgendetwas beweisen zu wollen. Das ist nur ein Beispiel von vielen, in denen mir deutlich wird, dass wir auch als Ehepaar und Eltern in der gleichen Welt leben und völlig andere Lebenswirklichkeiten haben. Obwohl ich weiß, dass dies sowohl patriarchale als auch rassistische Strukturen sind, die dafür sorgen, dass er sich gelassen und ich mich gestresst fühle, kann ich mich nur an guten Tagen von den negativen Gefühlen freimachen.

Zum anderen hat das Mutter-Sein – neben den Fremdwahrnehmungen in Bezug auf meine Mutterrolle – weitere neue Einsichten in mir ausgelöst. Bevor ich Kinder hatte, war ich definitiv die bessere Mutter im Hinblick auf rassismuskritische und gendersensible Erziehung. Ich wusste, wie früh Sozialisation auf Kinder einwirkt. Untersuchungen zeigen, dass Kinder schon sehr früh Unterschiede feststellen und auch schnell lernen, Werturteile daran festzumachen. So erkennen Kinder mit zwei Jahren verschiedene Hautfarben und erlernen zwischen drei und fünf

Jahren, sie mit Vorurteilen zu verknüpfen.[11] Diese Beobachtungen zeigen mir einerseits, dass wir Rassismus bereits mit der Muttermilch aufgesogen haben, und andererseits geben sie mir eine enorme Verantwortung mit auf den Weg, meine Kinder davor zu bewahren. Ich musste allerdings auch dort lernen, dass ich das nur teilweise kann. Die Unterdrückungssysteme sind bereits im Kindergarten so stark manifestiert, dass ich gar nicht alles von meinen Kindern fernhalten kann. Ich kann zu Hause für mehr Vielfalt im Kinderzimmer sorgen, in dem Puppen, Protagonist*innen in Büchern, Lieder und anderen Medien nicht einseitig dargestellt werden. Die Connis, Bibis, Elsas und Barbies dieser Welt sind allerdings so präsent und allgegenwärtig wie die rassistischen Ansichten von Pippi Langstrumpfs Vater. Ich kann meine Kinder nicht fernhalten davon, aber ich kann mit ihnen darüber ins Gespräch kommen. Leider sind dann manche Bilder allerdings schon in ihren Köpfen, zum Beispiel das männlich *weiße* Gottesbild in der Vorstellung meiner dreijährigen Tochter. Dennoch will ich mit meinen Kindern, ihren Erzieher*innen und Lehrer*innen im Gespräch bleiben. Gute Leitfäden, wie *Familiar Face*s aus dem »Verlag für Vielfalt«, helfen mir dabei, dies konstruktiv zu tun.[12] Warum spreche ich das an? Weil wir als Kirche viele Möglichkeiten haben, für mehr Diversität in frühen Lebensjahren zu sorgen und so eine neue Generation prägen können. Da liegt unsere große Chance, neue Narrative und Bilder in kleine Köpfe zu pflanzen, damit irgendwann eine Gemeinschaft ohne Rassismus vorstellbar wird.

---

11 https://macau.uni-kiel.de/servlets/MCRFileNodeServlet/dissertation_derivate_00002289/Dissertation_Maureen_EggerS. pdf, Zugriff: 30.08.2021

12 https://familiarfaceS.de/wieerklaereichkindernrassismus/, Zugriff: 30.08.2021

Warum ich nicht Pfarrerin geworden bin

Die Wechselwirkung zwischen unterschiedlichen Formen der Benachteiligung wird in meiner Biografie auch an der Frage deutlich, warum ich nicht Pfarrerin geworden bin. Lange Zeit habe ich geglaubt, dass wir alle von Gott zu etwas Konkretem berufen sind und dabei die gleichen Chancen haben, weil Gott das schon regelt. Das habe ich auch gepredigt und war der festen Überzeugung, dass die Heilige Geistkraft wirkt und alle Hindernisse dieser Welt überwinden kann. Oft wünsche ich mir solch eine Naivität zurück. Ich glaube immer noch, dass Gott Wunder tut und Unmögliches möglich machen kann, aber ich sehe auch die großen Hürden für manche Menschen in dieser Welt und in unseren Kirchen.

Bei einem Interview wurde ich gefragt, warum ich nicht Pfarrerin geworden bin. Die Frage an sich impliziert eigentlich schon, dass es verwunderlich ist, dass ich es nicht »bis ganz nach oben« geschafft habe, sondern »nur« Prädikantin geworden bin. Es wird eine Hierarchisierung in meinem Kopf eröffnet, die es eigentlich nicht geben sollte, die aber unausgesprochen existiert – auch außerhalb meines Kopfes. Prädikant*innen sind in meiner Landeskirche genauso ordiniert wie Pfarrer*innen und dürfen dementsprechend alle gottesdienstlichen Handlungen ausführen, wie taufen, trauen, beerdigen oder Abendmahl austeilen. Sie sind allerdings nicht dazu berechtigt, eine Pfarrstelle innezuhaben, und genießen dadurch viele Privilegien nicht, die Pfarrer*innen genießen, zum Beispiel den Status des Beamtentums und die Aussicht auf eine Pension, private Krankenversicherung, ein gestelltes Pfarrhaus. Pfarrer*innen, die außerhalb Europas studiert haben, erhalten diesen Status übrigens ebenfalls häufig nicht, obwohl ihre Ordination anerkannt wird. Ich möchte zwar keine Diskussion über die Ungerechtigkeit eines Beamt*innensystems führen, aber dieser Status hat in unserer Kirche doch auch viel mit Macht zu tun, was sich strukturell deutlich auswirkt. Ich bin als Prädikantin ordiniert, und Menschen merken mir an, wie leidenschaftlich gern ich Gottesdienste halte und mich aktiv in der Gemeinde engagiere. Da liegt die Frage nahe, warum ich also nicht Pfarrerin geworden bin, – auch für mich selbst. Daher hatte ich schon früh Erklärungsmuster entwickelt und konnte sie dem Journalisten auch gut vortragen: »Mein Lebensweg war halt ein anderer. Ich habe am CVJM-Kolleg Theologie auf dem Bachelor vergleichbaren Niveau und dann Religions- und Sozialpädagogik studiert, damit ich vielseitiger aufgestellt bin und schneller in die Praxis komme. Wenn ich zurückblicke, habe ich dadurch so viel erlebt und erfahren, das ich bei einem 12-semestrigen Theologiestudium nicht erlebt hätte, und daher bereue ich nichts. Zu guter Letzt hat mich meine Landeskirche ja noch ordiniert und dadurch darf ich sogar all das tun, was auch Pfarrer*innen tun dürfen.« Ungefähr so klingt meine Geschichte, wenn ich mir selbst und anderen eine schnelle plausible Antwort geben möchte, die keinem wehtut.

Nach diesem Interview habe ich lange über die Frage und meine Antwort nachgedacht. Sie klingt positiv; ich sage damit, dass schon alles richtig war und ich gern das tue, was ich tun durfte und darf. Das stimmt. Aber gleichzeitig ist es auch eine Art Überlebensstrategie, mir Unterdrückungsmechanismen schönzureden, die nun mal biografisch auf mich Einfluss hatten und bis heute haben. Eine differenzierte, ehrliche Antwort würde nämlich so aussehen:

Bereits in der Schule wurde mir vermittelt, dass ich zu laut, zu unkonzentriert, zu oberflächlich, störend und vor allem nicht sprachbegabt sei. Es gibt Studien darüber, dass es kein Zufall war, dass ich von Lehrer*innen so stigmatisiert wurde. Laut dem *Mediendienst Integration* kommen Kinder mit Migrationshintergrund häufiger aus Familien mit geringerem Einkommen als *weiße* deutsche Kinder.[13] Meine Familie ist zwar *weiß*, aber dennoch trifft diese Studie auf mich zu, und auch wenn ich den Begriff Migrationshintergrund für mich unpassend finde, werde

13 https://mediendienst-integration.de/integration/bildung.html

ich in der Statistik so eigeordnet. Laut *Mikrozensus* gibt es in Deutschland einen starken Zusammenhang zwischen sozialer Herkunft und schulischem »Erfolg«. Soziale Unterschiede werden in Deutschland stärker als in unseren Nachbarländern weitervererbt: Nur 24,4 Prozent der jungen Erwachsenen erwerben einen höheren Bildungsabschluss als ihre Eltern. Zum Vergleich: In anderen Industrieländern gelingt das im Schnitt 41,1 Prozent.[14] Die Auswirkungen von strukturellem Rassismus werden kaum woanders so sichtbar wie im Bildungssystem und bei der Polizei. Ich weiß, dass der Glaube an die Chancengleichheit auf Bildung und das Vertrauen in unseren Rechtstaat ziemlich groß sind und dass viele Menschen jetzt gute Gegenbeispiele im Kopf haben und in Verteidigungsposition gehen, aber lass diese Untersuchungsergebnisse mal zu. Es ist leider Teil des Systems, dass all das, was dir als fair, gerecht und normal beigebracht wurde, so gerecht gar nicht ist. Auch ich bin immer wieder erschüttert, wie subtil ungerecht unsere tolle Gesellschaft ist, die ich lange Zeit für die fairste der Welt hielt. Genau dieser Glaube erhält das System so lange aufrecht, und selbst wir als Kirche spielen dabei mit. Aber es gibt Zahlen und Fakten, die strukturellen Rassismus sichtbar machen. Eine *OECD*-Studie aus dem Jahr 2015 zeigt, dass Kinder aus sozial schwachen und Einwandererfamilien schlechtere Chancen auf höhere Bildung haben als andere Kinder. Außerdem weisen mehrere Studien darauf hin, dass Schüler*innen mit Migrationshintergrund bessere Leistungen erbringen müssen, um gleichwertig, wie ihre Mitschüler*innen ohne Migrationshintergrund, bewertet zu werden. Lehrer*innen neigen zudem drei Mal so oft dazu, ein Kind für das Gymnasium zu empfehlen, wenn es aus einer höheren sozialen und ökonomischen Schicht kommt. Auch das wirkt sich nachteilig auf PoC-Kinder aus, und zwar unabhängig von deren tatsächlichen Schulnoten in der Grundschule.[15] Außerdem schicken Eltern mit

14 Ebd.

15 https://mediendienst-integration.de/desintegration/diskriminierung.html#c27

Haupt- oder Realschulabschluss ihre Kinder häufig trotz Gymnasialempfehlung nicht aufs Gymnasium, aus Angst, sie dort nicht angemessen unterstützen zu können.

Was hat das nun aber damit zu tun, dass ich nicht Pfarrerin geworden bin? Ganz schön viel, wenn man sich Gedanken darüber macht, wer eigentlich Theologie fürs Pfarramt studiert und wer nicht. Meine Voraussetzungen schienen lange Zeit die besten zu sein, um ein Hochschulstudium zu absolvieren. Ich war auf einem Montessori-Gymnasium mit rund 130 Schüler*innen pro Jahrgangsstufe. In der gesamten Jahrgangsstufe gab es fünf Schüler*innen of Color. Einer wurde in der Mittelstufe mit seiner Familie abgeschoben, eine andere hat uns nach der 6. Klasse verlassen und ging auf die Gesamtschule. Zu dritt haben wir es bis zum Abitur geschafft, das allerdings nur zwei von uns bestanden haben. Zwei People of Color von 130 Schüler*innen! Und ich war eine davon. Dieses Bild des Schwarzen Mädchens, das zu viel störte und es doch geschafft hat, ließ meine Mitmenschen natürlich stolz auf mich sein und diente als Beleg dafür, dass man alles sein und schaffen kann, wenn man nur will. Gleichzeitig stößt es alle vor den Kopf, die tagtäglich unter Diskriminierung leiden, sich abmühen und all das nicht schaffen.

Außerdem war mein Weg zum Abitur alles andere als leicht und prägt mich bis heute. Ich hatte Angst vor Elternsprechtagen und ging, im Gegensatz zu meinen Mitschüler*innen, nie mit. Das Gefühl daneben zu sitzen, während ausschließlich darüber geredet wurde, dass ich viel mehr könnte, wenn ich nur wollte, war für mich unerträglich. Ich konnte nämlich was, und deshalb habe ich Mathematik und Physik als Leistungskurse gewählt. In diesen beiden Fächern konnte ich klar und deutlich belegen, was ich kann, und das tat ich auch.

Es schien allerdings für meine Mitschüler*innen unbegreiflich, warum ausgerechnet ich Einsen in Physikklausuren schrieb. Die einzige Erklärung für sie war, dass der Lehrer wohl auf mich stehen müsse. Es war scherzhaft gemeint, und ich habe mitgelacht und meine Witze gemacht, aber dahinter verbarg sich schon immer eine bittere Wahrheit. Nämlich die, dass ein Mädchen of Color unmöglich eine Einser-Kandidatin im Physik-Leistungskurs sein kann. Mein Umfeld konnte es kaum glauben, und bis heute löst es in Menschen Erstaunen aus, wenn ich meine Leistungskurse erwähne. Ich beobachte mich dabei, dass ich es selbst gelegentlich erwähne, um Menschen zum Staunen zu bringen, um die altbekannte Reaktion wieder auszulösen und zu zeigen: Guck mal, ich kann logisch denken. Hatte keiner geglaubt, und glaubt man bis heute nicht von mir.

Vielleicht war ich unkonzentriert und quatschte viel im Unterricht mit meinen Sitznachbar*innen, aber heute frage ich mich, was zuerst da war: das Huhn oder das Ei? Wurde ich zu der, die man sehen wollte, oder war ich rein zufällig so, wie People of Color in *weißen* Mehrheitsgesellschaften im Schulsystem wahrgenommen werden? Endgültig kann ich es natürlich nicht belegen, aber es bleibt dieses anhaltende Gefühl, dass ich es nur mit Glück bis zum Abitur geschafft habe, weil ich ein Benehmen hatte, mit dem das für Lehrer*innen unmöglich schien. Und dieses Gefühl hat bis heute Auswirkungen auf mein Selbstbewusstsein. Obwohl ich einen Beruf ergriffen habe, in dem ich oft Englisch sprechen und schreiben muss, flüstert mir bis heute eine innere Stimme zu, dass ich eigentlich nicht gut genug bin und jeden Moment alle anderen merken werden, wie schlecht ich tatsächlich spreche.

Für diese kleine Stimme im Kopf gibt es einen Namen: »Hochstapler*innensyndrom« oder auch »Impostor Syndrome«. Auch hierzu belegen Studien, dass dieses Syndrom in unserer Gesellschaft weit verbreitet ist. Im Jahr 1978 wurde dieses Syndrom erstmalig an der *Georgia State University* in Bezug auf erfolgreiche Frauen beschrieben. »Neuere Studien zeigen, dass auch Männer unter diesem Gefühl leiden. Bei Afroamerikaner*innen ist die Wahrscheinlichkeit, dass sie ein daraus resultierendes psychisches Problem haben, um zwanzig Prozent höher als bei der allgemeinen Bevölkerung.«[16]

Leistungsstarke, objektiv betrachtet kompetente und erfolgreiche Personen neigen dazu, ihr Licht unter den Scheffel zu stellen, ihre Leistungen kleinzureden, ihren Erfolg dem Glück zuzuschreiben, und haben immer wieder Angst, als »Betrüger*innen« aus dem Verkehr gezogen zu werden.[17]

Stephanie Cuff-Schoettle ist Diplom-Psychologin, Co-Gründerin der Plattform *MyUrbanology* und ehemalige Beraterin bei *OPRA – Psychologische Beratung von Opfern rechter, rassistischer und antisemitischer Gewalt*. Sie berichtet in einem Interview, dass Schwarzen Mädchen und Frauen zu Hause oft unbewusst beigebracht wird, möglichst angepasst zu sein und nicht aufzufallen, um möglichen Verletzungen aus dem Weg zu gehen. Dennoch machten diese Frauen bereits als Mädchen oftmals die Erfahrung von Unterschätzung ihrer Leistungsfähigkeit, Ausgrenzung und Verletzungen, unabhängig davon, wie angepasst, fleißig und still sie sich verhielten. Wenn diese Erfahrungen verstärkt werden durch das Gefühl, dass eigenes Empfinden ständig umdefiniert und kleingeredet wird, kann das zu schwerwiegenden psychischen Problemen führen, so die Diplom-Psychologin.[18] Ich habe sehr früh aufgehört, die Kritik von Lehrer*innen an mir infrage zu stellen. Das traute ich mich gar nicht, weil mir im Leben regelmäßig meine Gefühle und Erfahrungen abgesprochen wurden. Wenn der Kinderarzt mir seltsame Fragen über meine Herkunft stellt, bei denen selbst meiner fünfjährigen Tochter auffällt, dass das komisch war, entgegnen mir andere Menschen, dass er doch nur Interesse zeigte. Mein Gefühl, in dem Moment ausgegrenzt zu werden, anders behandelt zu werden als *weiße* Menschen, nicht

16 https://rosa-mag.de/das-gefuehl-eine-mogelpackung-zu-sein-schwarze-frauen-und-das-impostor-syndrom/

17 Ebd.

18 Ebd.

dazuzugehören, eine Fremde zu sein im eigenen Land, wird komplett niedergeschmettert. Der arme Kinderarzt – das war doch nur Smalltalk! Der arme, hochprivilegierte, *weiße* Mann! Den darf ich nicht infrage stellen oder kritisieren; aber der Schwarzen Frau, der schon als Kind dieselben unangenehmen Fragen gestellt wurden, mit der kann man es ja machen, und dann darf sie nicht mal Kritik üben.

Lange Zeit hätte ich mich nicht annähernd getraut, die vorausgehenden Sätze überhaupt zu denken, geschweige denn sie für die Öffentlichkeit aufzuschreiben, weil ich ja tatsächlich dachte, ich bilde mir das alles ein. Das hatte massive Auswirkungen auf mein Selbstvertrauen. Heute ist es befreiend zu wissen, dass das Unbehagen seine Ursache hatte, die nicht an mir lag. Dass ich nicht die Einzige bin, der es so ergeht. Das ist nämlich Teil der Problematik: Du zweifelst an, ob deine Gefühle gerechtfertigt sind oder eingebildet.

Aber zurück zur Frage nach der Pfarrerin. Es gibt einen Spruch, der besagt: »You can only be what you can see«: Du kannst nur das werden, was du siehst. Und ich sah mich einfach nicht als Pfarrerin. Ich kannte hauptsächlich männliche *weiße* Pfarrer, die in perfekten, heilen Pfarrfamilien in großen Pfarrhäusern lebten. Da passte ich so überhaupt nicht rein. Ich kannte allerdings Gemeindepädagog*innen, die ebenfalls keine geradlinigen Familienbiografien hatten. Mit ihnen konnte ich mich schon eher identifizieren, und in der Jugendarbeit konnte ich mich ausprobieren und ehrenamtlich ein wenig in diesen Beruf hineinschnuppern. Die Gemeindepädagog*innen waren zwar alle *weiß*, aber immerhin schienen sie zum Teil auch von Klassismus betroffen zu sein – also schien mir ihr Beruf eine mögliche, erstrebenswerte Alternative, und ich ging mit diesem Traum nach meinem Freiwilligenjahr in Tansania an das damalige CVJM-Kolleg nach Kassel.

Der CVJM-Campus war klein, familiär und übersichtlich. Ich kam ja aus einer Arbeiter*innenfamilie, meine Großeltern konnten mir nichts darüber sagen, wie man sich an einer Universität orientiert. Ich kannte nicht mal Begriffe wie »Kommilitonen«, Mitstudierende – das schien für mich eine andere Sprache und Welt zu sein. Das CVJM-Kolleg traute ich mir u. a. aufgrund der Größe zu. Außerdem konnte ich mir finanziell nur ein Studium leisten, bei dem ich mir zu hundert Prozent sicher war, dass ich es in der Regelstudienzeit schaffen würde, damit ich bis zum Ende Bafög beziehen könnte. Ein Theologiestudium, in dem ich drei Sprachen lernen musste, schien mir daher unmöglich. Schließlich hatte ich in der Schule gelernt, dass ich nicht sprachbegabt sei.

Ein Studium ausschließlich aus Nebenjobs zu finanzieren, schien mir zu unsicher, zumal ich bei Theologie womöglich all meine Kraft und Zeit ins Lernen hätte stecken müssen, da ich doch ohnehin wahrscheinlich nicht konnte, was in diesem Studium verlangt würde. Vom Tag meines Auszugs von zu Hause an war außerdem klar, dass ich mit keinem Euro unterstützt werden konnte – auch nicht, wenn Not bestünde. Das Geld war einfach nicht da. Ich hatte zwar im erweiterten Familienkreis Menschen, die eine Notlage bestimmt hätten auffangen können, aber der Stolz war zu groß, um Hilfe zu bitten. Das tat man nämlich nicht – wurde mir so beigebracht. Heute sehe ich natürlich Alternativen: Stipendien, Kredite, Nebenjobs ..., aber damals hatte ich den Blick dafür nicht. Ich hatte niemanden, der*die mich dahingehend hätte beraten und ermutigen können. Ich war der Stolz meiner Großeltern: hatte Abitur, bin für ein Jahr nach Tansania gegangen, und dann war ich finanziell unabhängig. Ich musste selbst herausfinden, wo ich wie Bafög beantragen konnte und war mit dem Nötigsten beschäftigt. Es war von Semester zu Semester erniedrigend, im Bafög-Büro erklären zu müssen, dass es schwierig ist, die Einkommensnachweise meiner Eltern zu bekommen, weil ich keinen Kontakt zu ihnen hatte. Das wollte ich zusätzlich so schnell wie möglich hinter mich bringen. Ich habe mich ein einziges Mal für ein Stipendium beworben. Beim Vorstellungsgespräch kam ich mir so dumm vor. Nach der Absage fühlte ich mich so sehr darin bestätigt, dass ich mich nie wieder beworben habe. Was hatte ich denn da zu suchen? Ich bin doch keine Einser-Kandidatin. Alles, was ich erreicht hatte, hatte ich mir doch anscheinend erschlichen oder durch Zufall oder Gottes Gnade geschenkt bekommen. Dafür bekam man kein Stipendium.

Später sagte man mir, dass ich mich doch hätte bewerben sollen, schließlich hätte ich doch Migrantenbonus. Das höre ich bis heute in mehreren Situationen. Aber weißt du, wie tief dieser »Bonus« sitzt und was er in mir bewirkt? Migrantenbonus löst in mir aus, dass ich eigentlich nichts kann, außer Migrantin zu sein, und deshalb irgendwo als Quote gebraucht werde. Meine einzige Fähigkeit ist also die Herkunft meines Vaters, zu dem ich keine Beziehung habe. Wow. Damals war ich leider noch nicht schlagfertig. Wenn das heute *weiße* Menschen zu mir sagen, entgegne ich gerne mit der Gegenfrage, was sie wohl aufgrund ihrer Hautfarbe, Herkunft, ihres Geschlechts ... bereits im Leben geschenkt und ermöglicht bekommen haben, das marginalisierten Menschen verwehrt bleibt. Auf diese Weise umgekehrt, funktioniert diese Logik allerdings nicht, weil sich *weiße* Menschen als Standard ansehen und sich nie darüber Gedanken machen, was sie alles aufgrund ihres *Weiß*-Seins selbstverständlich bekommen haben. Das stellt niemand infrage, weil es die Norm ist.

Der Wunsch, »eigentlich« doch gern Pfarrerin geworden zu sein, kommt noch immer manchmal in mir auf, aber abschließend bin ich immer noch nicht auf den Grund gekommen, woher dieser Wunsch stammt. Kommt er daher, dass Pfarrer*in sein in der Kirche etwas besonders Privilegiertes ist, das ich auch gern hätte? Ist es der Schmerz zu meinen, dass ich es aufgrund meiner Herkunft nicht geworden bin? Oder ist es tatsächlich Berufung? Was auch immer es ist, ich bin mir heute immerhin darüber im Klaren, dass ich es gut könnte, das Pfarrerin-Sein, und letztendlich ist das ein großer Schritt für mich selbst.

Warum sollte sich Kirche mit Rassismus auseinandersetzen?

Wenn die Kirche die Befreiung der Unterdrückten durch Gott nicht in den Mittelpunkt ihrer Mission und Verkündigung stellt, wie kann sie dann mit einem verurteilten Verbrecher als dominierendem Symbol ihrer Botschaft zufrieden sein?
James Cone

Wenn ich das Internet durchforste nach den Schlagworten »Kirche« und »Rassismus«, finde ich eine so klar einheitliche Meinung unterschiedlicher Konfessionen und Kirchen wie bei keinem zweiten Thema. Die *Evangelische Kirche in Deutschland* (*EKD)* steht klar gegen Rassismus und setzt sich gegen jede Art der Diskriminierung ein. Der ehemalige *EKD*-Ratsvorsitzende, Landesbischof Heinrich Bedford-Strohm, sagt sogar, Rassismus sei Gotteslästerung.[19] Die Katholische Kirche versteht sich als Weltkirche und kann sich im Prinzip gar nicht als *weiße* Kirche sehen, daher twittert der Papst auf seinem deutschen Twitter-Account @pontifex_de am *Internationalen Tag gegen Rassismus* 2021 auch: »Rassismus ist ein Virus, das leicht mutiert und eine ständig im Verborgenen lauernde Gefahr darstellt.« Und der *Ökumenische Rat der Kirchen* (*ÖRK*) hat einen schweren, jahrzehntelang andauernden Prozess zur Überwindung von Rassismus hinter sich und schreibt dazu auf seiner Webseite: »Durch das Programm zur Bekämpfung des Rassismus zeigte der ÖRK Stärke und Mut, ein Risiko einzugehen und vorwärts zu schreiten, trotz der Tatsache, dass die Rassismusbekämpfung eine kirchenspaltende Wirkung haben könnte.«[20]

---

19 https://www.ekd.de/bedford-strohm-rassismus-ist-gotteslaesterung-56488.htm, Zugriff: 20.06.2021

20 https://www.oikoumene.org/de/what-we-do/racism-discrimination-and-xenophobia, Zugriff: 20.06.2021

Letzteres Zitat lässt erahnen, dass die Haltung gegenüber Rassismus zwar klar und eindeutig ist, der Weg dorthin dennoch wohl steinig sein kann. Das liegt daran, dass Rassismus in den großen Statements der Kirchen zunächst als das angesehen wird, was auf keinen Fall innerhalb der Kirche geschieht, sondern rein formell 1945 endete und heute höchstens noch in Anschlägen wie in Hanau und Halle oder im Mord an dem CDU-Politiker Walter Lübcke zum Ausdruck kommt. Gegen Rassismus positionieren sich die Kirchen also klar und deutlich. Damit weisen sie ihn von sich und laden ihn gleichzeitig moralisch enorm auf. Wer will denn schon Rassist*in sein? Keiner – vermutlich auch kaum jemand außerhalb von Kirche. Rassist*innen sind die, die das selbst auch bekennen; vielleicht noch manche AfD-Wähler*innen. Aber wir, die wir schon in den 80er-Jahren vor den Supermärkten gestanden und uns dafür eingesetzt haben, dass die Menschen keine Früchte aus Südafrika kauften, um unsere Ablehnung des Apartheid-Regimes zum Ausdruck zu bringen, können doch auf keinen Fall gemeint sein, wenn hier jemand von Rassismus spricht![21] Durch dieses kirchliche Engagement und die Auseinandersetzung mit dem Thema Antirassismus in den 1980er-Jahren wurden sicherlich Weichen ins Heute gestellt. Aber Kirche hat sich zu der Zeit eher paternalistisch gegen Rassismus eingesetzt und sich noch wenig mit dem eigenen, unbewusst gelebten Rassismus auseinandergesetzt, Rassismus noch nicht als geschichtlich herangewachsenes globales System durchschaut, von dem wir alle betroffen und beeinflusst sind. Dennoch war diese Arbeit wichtig, und wir können heute den Antrieb dahinter gut aufnehmen und weitergehen.

21 In der Anti-Apartheid-Bewegung in Deutschland haben sich 1974 Kirchen und andere Institutionen zusammengeschlossen und unter anderem Proteste ausgelöst, die verhindern sollten, dass Früchte aus Südafrika gekauft werden. Ziel war es, die Zusammenarbeit von Politik, Wirtschaft und Kirchen der Bundesrepublik mit dem Rassistenregime anzuprangern.

Eine antirassistische Haltung können wir auch biblisch fundieren. Zentral im christlichen wie auch schon im jüdischen Glauben steht die Überzeugung von der Gottebenbildlichkeit aller Menschen und der ihnen dadurch verliehenen Würde (Genesis/1. Mose 1,27). Gott schuf Adam und Eva. Beide hatten weder eine Nationalität noch eine Herkunft oder Hautfarbe. Sie waren keine Ägypter*innen oder Hebräer*innen. Adam bedeutet »Mensch« und Eva »die Leben Schenkende«. Viel mehr erfahren wir nicht.

Als Gott sich selbst im ersten Gebot der Zehn Gebote vorstellt, wird deutlich, dass Menschen, die von Diskriminierung und Ausgrenzung bedroht sind, sich besonderen Schutzes sicher sein können: »Ich bin der HERR, dein Gott, der dich aus dem Land Ägypten geführt hat, aus dem Sklavenhaus« (Exodus/2. Mose 20,2). Der Fokus auf den Schutz für Fremde und Unterdrückte zieht sich durch die gesamte Hebräische Bibel – von den Gesetzen bis hin zu den Propheten sieht Gott sich als befreiende Kraft und fordert uns auf, es auch zu sein.[22]

Und Jesus knüpft daran an. In der Bergpredigt (Matthäus 5) ebenso wie im Gleichnis vom Weltgericht (Matthäus 25) wird deutlich, wo Gott sich und uns als Christ*innen in dieser Welt sieht: an der Seite derer, die gesellschaftlich hinten anstehen.

Jesus kam schließlich als Person of Color auf die Erde. Jesus war historisch gesehen nicht *weiß*. Und er ging nicht nur auf Menschen zu, die am Rande der Gesellschaft standen, er eckte auch an, um auf gesellschaftliche Missstände hinzuweisen. Außerdem war sein eigenes Leben geprägt von der Verwundbarkeit eines Neugeborenen in der Krippe, der Flucht nach Ägypten und davon, als Menschensohn keinen festen Ort zu haben.[23]

22 Dies wird deutlich an z.B. folgenden Bibelstellen: Exodus/2. Mose 23,9; Leviticus/3. Mose 19,33ff; Psalm 146,9; Jeremia 7,6; Hesekiel 22,7; Sacharja 7,19; Maleachi 3,5)

23 *ELKB*-Handreichung »Ja zu gelebter Menschenfreundlichkeit Gottes. Nein zum Rechtsextremismus – Haltungen, Erfahrungen und Perspektiven der Evangelisch-Lutherischen Kirche in Bayern«, S. 13; Thomas Söding/Robert

Und im Kreuz solidarisierte sich Jesus mit den Leidenden dieser Welt. In seinem Buch »Das Kreuz und der Lynchbaum« geht der afroamerikanische Theologe James Cone auf den Befreiungsaspekt des Evangeliums in besonderer Weise ein. Diese grenzüberschreitende Nächstenliebe und die Aufforderung zur Gerechtigkeit als biblisches Leitmotiv werden nicht nur an Christus deutlich, sondern ziehen sich wie ein rotes Band durch beide Teile der Bibel.

Es entstanden die ersten Gemeinden, und Paulus warnte vor Spaltung. In seinen vielen Briefen an die Gemeinden spricht er deutlich die Streitpunkte an. Es war klar, dass es schwierig werden würde, wenn so unterschiedlich geprägte Menschen zusammenkommen. Es wird aber auch deutlich, dass Kirche noch nie als mono-kulturell gedacht war. Wenn es in Galater 3,28 heißt, dass hier weder Freie noch Sklav*innen, weder Juden*Jüdinnen noch Griech*innen seien, sondern alle eins in Christus sind, dann bedeutet das, dass die Unterschiedlichkeit der Menschen keine Trennung, sondern eine Bereicherung bedeuten sollte. Außerdem überwindet Paulus damit die Definitionsmacht über andere. Menschengemachte Machtverhältnisse werden vollkommen aufgehoben und zählen nicht mehr.

Biblisch betrachtet müssen wir als Christ*innen daher selbstverständlich gegen Rassismus aufstehen. Die Klarheit der Bibel und die Statements der Kirchen laden das Thema für uns allerdings moralisch so hoch auf, dass wir es eher von uns weisen möchten als uns selbstkritisch damit auseinanderzusetzen.

Wie kann es dann dazu kommen, dass wir nicht die gesamte gesellschaftliche Breite der Menschen in unseren Gemeinden wiederfinden? Wo sind denn die, die am Rande der Gesellschaft stehen? Wenn ich im Ruhrgebiet durch die Innenstadt gehe, sehe ich dort nur wenige Menschen, die ich normalerweise

---

Vorholt, Das Flüchtlingskind in Gottes Hand. Die Aktualität der Weihnachtsbotschaft, Ostfildern 2016 (e-Book)

auch in der Kirche antreffe. Laut der *Bundeszentrale für Politische Bildung* haben ein Viertel aller Erwachsenen und 40,4 Prozent aller Kinder unter fünf Jahren eine Migrationsgeschichte.[24] Diese Menschen sind nicht alle Schwarz und ich mag das Wort Migrationsgeschichte nicht, aber 40,4 Prozent drückt für mich zumindest aus, dass eine hohe Anzahl an Kindern heranwächst, die unsere Kirche als Zielgruppe offensichtlich nicht im Blick hat.

Dabei bezeichnen sich beide großen Kirchen in Deutschland als Volkskirchen und sind, nach dem Staat, die größten Arbeitgeberinnen in Deutschland. Wir reden zwar viel über schrumpfende Mitgliedszahlen und die Angst davor, dass Kirche irrelevant werden könnte; sie hat aber einen großen Einfluss auf unsere Gesellschaft und trägt damit auch große Verantwortung. Wir halten dennoch ein Konzept von Deutsch-Sein in unserem Land und unseren Gemeinden aufrecht, das einen Großteil der Deutschen überhaupt nicht in den Blick nimmt, sondern ausklammert.

Bleiben wir also mal bei dieser Diskrepanz zwischen dem Schlag Menschen, die uns in Kirche begegnen, und denen, die wir auf der Straße sehen. Diversität finden wir nämlich schön in der Kirche. Mit Rassismus hingegen beschäftigen wir uns ungern – zumindest als internem Problem. Das ist unbequem und anstrengend. Das eine geht nur leider ohne das andere nicht, und ich glaube, dass wir deshalb so wenig Menschen von der Straße in der Kirche antreffen. Oder wo siehst du Menschen of Color in der Kirche? Schau dich mal um in deiner Gemeinde, in ihren Publikationen oder in der Leitung. Wir müssen uns mit unserem Rassismus in der Geschichte, in unserer eigenen Tradition, der Institution Kirche und unserem *Weiß*-Sein kritisch auseinandersetzen – nur so können wir wirklich die gesellschaftliche Vielfalt erreichen. Daher sollten wir diese Auseinan-

---

24 https://www.bpb.de/nachschlagen/zahlen-und-fakten/soziale-situation-in-deutschland/61646/migrationshintergrund-i, Zugriff: 25.06.2021

dersetzung auch als Chance sehen und nicht als Belastung oder als etwas Schweres. Ich will dich in diesem Buch nicht beschuldigen, denn darum geht es gar nicht. Ich will dich ermutigen, Verantwortung zu übernehmen für dich, diese Gesellschaft und eine Kirche, die gute Voraussetzungen und Strukturen bietet, um die Kirche zu werden, wie sie ursprünglich gedacht war. Diese Verantwortung ist wie eine Befreiung und der Weg dahin, wie einen Traum zu verwirklichen: den Traum von einer Kirche ohne Rassismus, wie Gott sie sich vorgestellt hat. Eine Gemeinschaft so unterschiedlicher Menschen, von denen wir so viel lernen können über uns, die Welt, unseren Glauben und letztendlich auch über Gott, die so viel größer ist als unser eurozentrisch *weißer* Blick.

Rassismus ist real und macht auch nicht vor der Kirchentür halt. Wir leben nicht auf einer Insel der Glückseligen, sondern sind mittendrin. Rassismus gibt es auf dem Wohnungsmarkt, beim Türsteher der Diskothek, bei der Polizeikontrolle, der Mitgliedschaft in Fitnessstudios, der Entscheidung über Gymnasialempfehlungen, in der Ökonomie, den Medien, im Sport, in der Sprache, der Politik, der Wissenschaft ... Die Liste ist endlos lang, und wir selbst sind nicht frei davon. Biografien hängen von rassistisch subtilen Denkweisen ab, und letztendlich tötet Rassismus auch. Es ist daher erschreckend, dass auch innerhalb der Kirche infrage gestellt wird, dass wir uns als Kirche an der Seenotrettung auf dem Mittelmeer beteiligen. Aber Rassismus ist allgegenwärtig und somit auch in der Kirche. Es ist natürlich einfach, von unserem Kirchturm auf andere herabzuschauen, aber da es sich um ein strukturelles Problem handelt und wir Teil dieser Strukturen sind und gesellschaftliche Verantwortung übernehmen wollen, können wir uns nicht raushalten: weder intern noch aus unserer öffentlichen Verantwortung.

Wir müssen als Kirche also verstehen, dass wir nicht nur »die Guten« sind, sondern beteiligt und geschichtlich verstrickt sind. Wir haben uns in der Vergangenheit und bis heute schuldig gemacht[25] und müssen darüber reden. Die *Black-Lives-Matter*-Bewegungen üben Kritik an einem System, welches das Christentum mit geschaffen hat. Daher tragen wir auch diesbezüglich eine große Verantwortung.

Es ist normal, auf Rassismus-Vorwürfe verärgert zu reagieren. Wer will das schon: Es ist schwierig, alte, als gut empfundene Perspektiven zu hinterfragen. Aber es ist die Chance, eine Kirche zu werden, wie sie ursprünglich gedacht war. Wir haben alle diese Sehnsucht in uns, in solch einer Gemeinschaft zu leben. Wir träumen doch von einer Kirche, die wieder neuen Aufschwung erfährt, Menschen einlädt, sich öffnet und uns staunen lässt darüber, wie vielfältig Gottes Schöpfung ist. Wir können alle viel voneinander lernen, müssen uns dazu aber auch selbst hinterfragen, unser Denken und Verhalten reflektieren, auch »gut Gemeintes«, aber Diskriminierendes ansprechen, aufdecken und pro-aktiv dagegen vorgehen.

Und in der Tat gibt es beides in der Kirche: den »wirklich gut gemeinten« Rassismus, der ebenfalls Menschen ausschließt und sie zu »den anderen« macht, und den offensichtlichen Rassismus, der ausgrenzen will und trotzdem allzu oft nicht deutlich genug geahndet wird. Ich habe zum Beispiel von People of Color gehört, die bei der Abendmahlfeier den Kelch weitergegeben haben und nach ihnen niemand mehr daraus trinken wollte. Was ich an dieser Stelle sagen will, ist, dass People of Color, die so etwas oder so Ähnliches erleben, oft nie wieder eine Kirche betreten. In den Communities Schwarzer Menschen in Deutschland hat die verfasste Kirche aufgrund solcher Erfahrungen, ihrer Geschichte und letztendlich auch durch ihr unhinterfragtes *weißes* Erscheinungsbild einen enorm schlechten Ruf. So schlecht, dass ich mich in solchen Kreisen manchmal kaum traue zu sagen, wo ich arbeite, obwohl mir dann oft mit Staunen entgegnet wird: »Wow, ich wusste gar nicht, dass es auch PoCs

25 In den Kapiteln über die Geschichte der *weißen* Kirche werde ich konkret darauf eingehen.

in der Landeskirche gibt, die sich dann auch noch gegen Rassismus engagieren. Das lässt hoffen!«

Aufgrund unseres Selbstverständnisses, der biblischen Grundlagen, unserer Exklusivität und der nötigen Aufarbeitung unserer Geschichte kommen wir nicht daran vorbei, uns mit unserem Rassismus auseinanderzusetzen. Antirassismusarbeit muss daher als Querschnittsthema in den Kirchen etabliert werden. Wie kann das nun aussehen?

Die Initiative »Schule ohne Rassismus« will für rassistische Strukturen und Verhaltensweisen sensibilisieren und schult Kinder und Jugendliche entsprechend. Schulen, die an diesem Programm teilgenommen haben, können das öffentlich dokumentieren: An über 3000 Schulen in Deutschland hängen Schilder, um zu demonstrieren: »Hier gibt es keinen Rassismus.« Unsichtbare Schilder mit genau dieser Aussage hängen auch in unseren Schaukästen und an unseren Kirchtüren, weil wir uns nach einer Gemeinschaft ohne Rassismus sehnen. Aber das ist in doppelter Weise gefährlich: Menschen, die von Rassismus betroffen sind, vertrauen der Botschaft, dass es hier keinen Rassismus gibt. Und dann erfahren sie ihn doch. Wie können sie jetzt damit umgehen, wenn ihnen doch ein sicherer rassismusfreier Raum versprochen wurde? Sie trauen sich eventuell gar nicht, ihr Erleben anzusprechen, denn das kann ja gar nicht sein! Es sagten mir ja alle, dass es hier keinen Rassismus gibt! Oder sie sprechen es an und erhalten als Antwort: »War doch gar nicht so gemeint« oder »Jetzt übertreibst du aber« oder sogar »Wie kannst du der Person Rassismus unterstellen?« Diese Reaktionen sind nicht selten, weil wir ja alle gegen Rassismus sind und uns gegen Rassismus einsetzen. Heinrich Bedford-Strohm sagt ja schließlich, es sei Gotteslästerung, und der Papst spricht von einem Virus. Das sind nicht wir.

Vielmehr müsste in unserem Schaukasten oder an unserer Kirchentür stehen: »Hier ist kein rassismusfreier Raum, aber wir wissen darum und wollen Rassismus gemeinsam entlarven, dekonstruieren und daran arbeiten, dass dies eine Kirche wird, in der sich alle gleich willkommen und geliebt fühlen!«

»Kirche ohne Rassismus« wäre einfacher verständlich und klingt auch schöner, wäre aber eben nur gut gemeint und nicht gut gemacht. Sie bleibt vorerst ein Traum. Wir können People of Color nur dann vor Rassismus schützen, wenn wir wissen, worum es eigentlich geht, und das ist leider etwas komplizierter.

Den Traum von einer Kirche ohne Rassismus will ich ja gar nicht aufgeben, aber es wird ein sehr langer Weg dorthin. Um diesen zugegeben nicht ganz leichten Weg reflektiert und selbstkritisch gehen zu können, fehlt uns zudem das nötige Handwerkszeug. Davon gibt es nämlich bisher verhältnismäßig wenig in unseren deutschsprachigen Kirchen. Es gibt nur ein Buch, das sich mit Rassismus, kritischem *Weiß*-Sein und Religion auseinandersetzt: »*Weiß*sein im Widerspruch« von Eske Wollrad. Dieses Buch ist 2005 erschienen, seitdem wurde im Jahr 2014 die Dissertation von Emmanuel Kileo mit dem Titel »*Weiß*-Sein als ideologisches Konstrukt in kirchlichen Süd-Nord-Partnerschaften« publiziert – und das war es auch schon. Es hat bisher noch keine deutsche, kirchlich verankerte Person of Color ein Buch zum Thema »Rassismus und Kirche« veröffentlicht, obwohl es viele PoCs gibt, die das könnten; die Expertise ist da. Das Schweigen drückt auch eine Angst vor Abwehr aus; ich kann es mir kaum anders erklären. Ich hoffe dennoch darauf, dass wir einen konstruktiven Umgang auch mit den Abwehrgefühlen erlernen, indem wir gemeinsam versuchen, sachlich und differenziert auf die Problematik zu schauen.

- Wie ist es bei euch, wenn ihr ein Gespräch über Rassismus in der Gemeinde oder am Familientisch beginnt?

Ich beobachte immer wieder, dass das Gespräch emotional hochkocht, weil wir mit ungewohnten Gefühlen konfrontiert sind. Und weil Menschen, die sich in vielem ähnlich glaubten, plötzlich ganz unterschiedliche Ansichten äußern. Oder es wirkt so, als ob sie andere Ansichten verträten, weil uns oft die Sprachfähigkeit fehlt, bisher nicht besprochene Dinge überhaupt auszudrücken.

Erste Gesprächsversuche sollten sich lieber nicht an aktuell brennenden Nachrichten oder an medial schon hochgekochten Debatten entfachen. Vielleicht hilft es, bei uns selbst anzufangen. Es geht in diesem Buch ja schließlich auch um uns als Individuen innerhalb der Kirche. Folgende Fragen können hilfreich sein für einen Austausch in der Gemeinde, am Familientisch, in der Mensa oder wo auch immer du anfangen magst, über Rassismus zu sprechen:

- Wie definierst du dich selbst?
- Wann hast du zum ersten Mal bewusst wahrgenommen, dass du *weiß*, Schwarz oder of Color bist?
- Wo fühlst du dich in der Kirche zu Hause und wo fremd?
- Was ist deine Motivation, dich mit Rassismus auseinanderzusetzen und dieses Buch zu lesen?

All diese Fragen, Antworten und Gedanken sind allerdings auch nur meine und deine eurozentrische Perspektive auf die Frage, warum sich die Kirche mit Rassismus auseinandersetzen sollte. Eine sicherlich etwas andere Sicht darauf hat mein Kollege Lusungu Mbilinyi. Mit ihm zusammen halte ich häufig Antirassismus-Seminare und lerne viel von ihm. Er ist Pfarrer der evangelisch-lutherischen Kirche Tansanias und hat in Ostafrika Theologie und Islamwissenschaften studiert. Als Kind hat er in Bielefeld-Bethel gelebt und die dortige Grundschule besucht. Heute lebt er mit seiner Familie in Wuppertal und arbeitet mit mir im internationalen Bildungsteam der *Vereinten Evangelischen Mission*. Seine Perspektive kommt also auch aus einer Kirche, die von deutschen Missionaren in der Kolonialzeit gegründet wurde. Warum er meint, dass Kirche sich mit Rassismus beschäftigen sollte, sagt er am besten selbst:

Die Kirchengeschichte ist subjektiv und eurozentriert – Lusungu Mbilinyi

Als tansanischer Theologe und als Pfarrer der evangelisch-lutherischen Kirche von Tansania ist es mir ein besonderes Anliegen, dass wir in Deutschland Kirchengeschichte neu lernen.

*Während meines Arbeitsaufenthalts in Stone Town, Sansibar, machte ich folgende Erfahrungen: In einer Stadt, in der jede Mauer, jede Straßenecke und sogar die Vegetation von historischen Fakten erzählen, wurde mir sehr deutlich, wie selektiv Geschichte erzählt wird und wie dies zu blinden Flecken und Wissensblasen führt. Der Sklavenhandel zum Beispiel war ein Verbrechen, das sowohl von Christ*innen als auch von Muslim*innen begangen wurde, doch wenn man die Christ Church Cathedral in Mkunazini besucht, bekommt man ein lebendiges Bild vom arabischen Sklavenhandel, der offiziell 1887 endete, und von der Rolle, die die Kirche bei seiner Beendigung spielte, einschließlich des Kaufs des ehemaligen Sklavenmarktes und dessen Umwandlung in eine Missionsstation, in ein Krankenhaus und in eine Schule. Allerdings wird nur wenig über den französischen und portugiesischen Sklavenhandel erzählt, man erfährt nichts über Fort Jesus, Kenia, und seine Rolle bei der Versklavung von Afrikaner*innen. Um solche Fakten zu erfahren, muss man sich mit muslimischen Historikern treffen, aber die werden einem wenig oder gar nichts über den arabischen Sklavenhandel erzählen. Die Geschichte ist zu einem Anschuldigungs- und Propagandawerkzeug geworden.*

Nachdem ich gesehen habe, wie jede Seite die Geschichte benutzt, um ein positives Bild von sich selbst zu zeichnen, muss ich auch an mein Studium denken: afrikanische Kirchengeschichte, wie ich sie während meines Theologiestudiums gelernt habe. Zum einen war da die Betonung, dass die christliche Religion in Afrika heimisch und nicht fremd sei. Die Rolle von Moses ägyptischer Erziehung und die Rolle von Moses Schwiegervater bei der Formung Israels wurden hervorgehoben, ebenso wie die Tatsache, dass Jesus in Ägypten Zuflucht gesucht *hatte und dort aufgewachsen war. Die Tatsache, dass die frühen Kirchenväter Afrikaner waren, wurde hervorgehoben: Augustinus, der einen der Haupteinflüsse auf Martin Luther und die Reformation hatte, Tertullian, der den Begriff der Dreifaltigkeit prägte und eine dogmatische Erklärung abgab, die heute allgemein verwendet wird, und Athanasius, nach dem das Athanasische Glaubensbekenntnis benannt ist. Die Existenz der koptischen Kirche in Äthiopien vor der Missionierung und die Existenz eines christlichen Königreichs in Angola-Kongo im 16. und 17. Jahrhundert, das von portugiesischen Sklavenhändlern zerstört wurde, wurden ebenfalls erwähnt. Zu meiner Studienzeit dachte ich, dies seien Fakten, die alle Kirchenhistoriker*innen und Theolog*innen kennen, aber es hat mich überrascht, wie viele Kolleg*innen aus Europa nicht einmal daran gedacht haben, dass Hippo, die Heimatstadt von Augustinus, im heutigen Algerien in Afrika liegt.*

Dazu kommt die Art und Weise, wie die Missionsgeschichte dargestellt wurde. In vielen Teilen wurde die unbestreitbar großartige Arbeit der Missionare hervorgehoben, zum Beispiel die Rolle, die sie bei der Beendigung des Sklavenhandels, der Einführung der westlichen Medizin, dem Bau von Schulen und der Vermittlung westlicher Bildung in Afrika sowie bei der Verkündigung des Evangeliums gespielt haben. Die negative Rolle, die sie spielten, wird jedoch weitgehend ausgelassen, zum Beispiel die Bereiche, in denen die Missionare mit den Kolonialherren zusammenarbeiteten. Dadurch klingen Missionsgeschichten manchmal sehr nach Erzählungen über Heilige. Es ist verständlich, warum dies geschieht. Zum einen möchte die Kirche positiv wahrgenommen werden, und zum anderen muss sich die Missionsgeschichte gegen Angriffe von atheistischen und muslimischen Gelehrten verteidigen, die die Kirche als eine Kraft gegen Afrika und die afrikanische Zivilisation sehen.

Wenn ich über die Geschichte der Kirche in Afrika und die Art und Weise, wie sie erzählt wird, nachdenke, kommt mir Folgendes in den Sinn:

Erstens spielte die Kirche in Afrika eine zwiespältige Rolle: Es gab Zeiten, in denen sie sich für die afrikanischen Menschen einsetzte, und es gab Zeiten, in denen sie zur Erfüllungsgehilfin des Kolonialismus wurde.

Zweitens: Wenn die Kirche für afrikanische Menschen missbraucht wurde, dann deshalb, weil sie philosophische und intellektuelle Lehren vertrat, die darauf abzielten, den Status quo zu schützen, und die im krassen Gegensatz zu den befreienden Kräften des Evangeliums standen, die die Kirche eigentlich predigen sollte.

Drittens neigt die Art und Weise, wie Kirchengeschichte erzählt und gelehrt wird, dazu, Errungenschaften, die von Afrikaner*innen geleistet wurden, ob sie nun Christ*innen oder Nichtchrist*innen waren, auszulassen oder zu untergraben.

Viertens neigen Kirchenhistoriker*innen bei der Darstellung der Kirchengeschichte dazu, die Fehler der westlichen Missionare auszulassen, zu untergraben oder zu rechtfertigen.

All dies zusammen ergibt ein Bild der Unterlegenheit der Afrikaner*innen und der Überlegenheit der Europäer*innen. Es stärkt und rechtfertigt rassistische Narrative und Rassismus.

Aber die letzte Botschaft, die ich aus der Kirchengeschichte mitnehme und die für mich als Pastor wahrscheinlich die wichtigste ist, lautet: Wenn die Kirche in einem positiven Licht dargestellt werden will, wie ich es im Studium der Kirchengeschichte gelernt habe, dann ist der richtige Weg nicht, die dunklen Seiten ihrer Geschichte auszublenden oder die positiven Seiten zu betonen. Der richtige Weg besteht darin, die Rolle zu betrachten, die die Kirche beim Schüren rassistischer Narrative, bei der Schaffung rassistischer Theologien, Verhaltensmuster und Politiken gespielt hat, und zu versuchen, die Auswirkungen ihrer Taten zu korrigieren, diese Lehren auszurotten, diese Verhaltensweisen zu verlernen, rassistische Theologien zu verurteilen und Strategien zu entwickeln, die sicherstellen, dass sie ihre Fehler nicht wiederholt.

Die Erfindung der Menschenrassen und der Beitrag der Kirche

Rasse existiert nicht, aber sie tötet Menschen.
Colette Guillaumin[26]

Der Glaube an das Rassenkonstrukt ist wohl eine der größten und auf erschreckendste Art genialsten Erfindungen der Menschheit. Im Film *Die üblichen Verdächtigen* heißt es: »Der größte Trick, den der Teufel je gebracht hat, war, die Welt glauben zu lassen, es gäbe ihn gar nicht.« Dieses Zitat ist auch auf Rassismus anwendbar.[27] Auch wenn sich die meisten Menschen heute darüber einig sind, dass es keine biologischen Rassen gibt, so besteht dennoch ein fast unerschütterlicher Glaube daran, dass es mehr genetische Unterschiede zwischen *weißen* und Schwarzen Menschen als unter ausschließlich *weißen* Menschen gebe. »Beim Begriff ›Rasse‹ handelt es sich vielmehr um ein historisches, soziales und politisches Konstrukt. Auch wenn es phänotypische Unterschiede zwischen Menschen gibt, wie verschiedene Hautfarben, Haartexturen, Nasen- und Augenformen, wurden die vermeintlichen Rassen anhand willkürlicher Kriterien und Merkmale definiert. Es wäre zum Beispiel durchaus möglich gewesen, dies auch anhand der Augenfarbe, der Körpergröße oder der Fußlänge zu tun. Mehrere wissenschaftliche Studien belegen, dass zwei *weiße* Menschen größere genetische Unterschiede haben können als eine Schwarze und eine *weiße* Person.«[28] Nach einem Antirassismus-Seminar sagte ein Teilnehmer beim Feedback vor der ganzen Runde: »Frau Vecera, dank ihnen weiß ich seit heute, dass es keine Menschen-

26 Colette Guillaumin: Sexe, race et pratique du pouvoir: L'idée de nature, Paris, iXe, 2016, S. 211

27 DiAngelo, Robin: Wir müssen über Rassismus sprechen. Was es bedeutet, in unserer Gesellschaft weiß zu sein, Hamburg 2020 , S. 10

28 Roig, Emilia: Why we matter, S. 35

rassen gibt. Das war mir vorher nicht so klar.« Seine Rückmeldung löste Entsetzen aus, aber eigentlich sprach er das aus, was in kleinen Stimmen in viel mehr Köpfen existiert, als wir wahrhaben wollen.

Die Erfindung der Menschenrassen ist ein Legitimationstrick der Aufklärung. Das ist uns bis heute gar nicht bewusst, wir haben es einfach verinnerlicht. Rassismus gab es nämlich nicht schon immer, und es ist auch nicht natürlich in uns verankert, dass wir zwischen Menschen unterschiedlicher Hautfarbe differenzieren. Man konnte im Sklav*innenhandel und in der Kolonialzeit nicht einfach sagen: Wir sind alle Schwestern und Brüder – und auf der anderen Seite der Welt Menschen ausbeuten. Daher halfen u. a. Voltaire, Kant, Hegel und auch die Kirche den *weißen* Menschen dabei, trotzdem eine Möglichkeit zu finden, wie sie die Gleichheit aller Menschen verkünden konnten – nämlich, indem sie die Unterdrückten entmenschlichten. So konnten sie gleichzeitig für das Gute eintreten und zur Entmenschlichung beitragen. Die Form der Entmenschlichung steckt uns bis heute tief in den Knochen, reicht bis ins Mark. Mir hat nie jemand beigebracht, in diese verborgenen Tiefen zu schauen. In der Schule wurden mir die Philosophen als die Advokaten der Aufklärung vorgestellt. Sie wurden nicht kritisch betrachtet, ihr menschenverachtendes Denken wurde nicht mal erwähnt. Wenn die Kolonialzeit in deutschen Schulen behandelt wird, geht es meist um Imperialismus, um die wirtschaftlichen Folgen des Kolonialismus. Menschenrechtsverletzungen gegenüber den Völkern des gesamten afrikanischen Kontinents, in Teilen Asiens und Südamerikas werden zum Nebensatz. Ich möchte mit euch meine Erkenntnisse teilen, die ich weder in der Schule noch in der Kirche oder in der Familie mit auf den Weg bekommen habe. Diese Blicke in die Welt- und Kirchengeschichte waren wichtige Schritte in meiner eigenen Auseinandersetzung mit dem Thema Rassismus. Daher müssen wir noch einmal neu und anders in die Geschichte schauen; denn nicht mal in meinem Studium wurden der Anteil von Theologie und Kirche kritisch hinterfragt. Ohne die Vergangenheit zu kennen, können wir die Gegenwart und unsere tiefen Prägungen gar nicht erklären, etwa wenn wir uns fragen: Warum denk ich das eigentlich so? Woher kommt diese Vorstellung?

Es ist vor allem das, was wir von der Geschichte nicht wissen, das sie so interessant und gleichzeitig so erschreckend macht. Es stellt sich nämlich die Frage: Was wissen wir alles nicht? Darauf will ich im nächsten Kapitel eingehen, weil das Auslassen mancher geschichtlicher Ereignisse, das Unsichtbarmachen und »Entinnern« Schwarzer Menschen in der Geschichte zu heutigen Vorurteilen beiträgt, die wir in uns tragen, ohne zu wissen, woher sie eigentlich kommen.

Viele Sichtweisen, Menschen und soziale Bewegungen wurden uns vorenthalten. Heute bin ich selbst erschrocken darüber, dass ich es nie hinterfragt habe, warum eigentlich nahezu hundert Prozent *weiße* Menschen Geschichte und Kirchengeschichte geschrieben haben. Wenn wir dazu bis heute kaum People of Color in den Medien, unseren Kirchen und Schulbüchern sehen, ziehen wir unbewusst eigene Rückschlüsse, und *Weiß*-Sein wird zur Normalität.[29]

Die afroamerikanische Autorin Tiffany Jewell schreibt dazu: »Wenn Berichte über Widerstand und Leistungen absichtlich nicht in unseren Geschichtsbüchern stehen oder nur aus der Perspektive der dominanten Kultur erzählt werden, haben wir keine Stimme. Niemand weiß, wer wir sind und dass es uns überhaupt gibt. Uns bleibt nur ein von den Unterdrücker*innen geprägtes Vermächtnis.«[30] Darauf ging mein Kollege Lusungu Mbilinyi in seinem Text ja ein. In unserer Geschichtsschreibung wurden Menschen ausgelöscht. Geschichten wurden nicht oder nur teilweise erzählt, weil sie ausschließlich von *weißen* europäischen Männern aufgeschrieben und weitergegeben wurden.

29 Jewell, Tiffany: Das Buch vom Anti-Rassismus. 20 Lektionen, um Rassismus zu verstehen und zu bekämpfen, Berlin 2020. S. 38

30 Ebd., S. 39

Die anderen Perspektiven fehlten, und auch daher schätze ich die Zusammenarbeit einer internationalen Gemeinschaft von Kirchen, wie ich sie in der *Vereinten Evangelischen Mission* erlebe. Geschichte ist nicht eindimensional. Es gibt viele Perspektiven, die das große Ganze differenzierter erfassen können. Es gibt viele Perspektiven, die wir allein aus unserer deutschen Sicht gar nicht im Blick haben können.

»Je mehr man weiß, um so trauriger wird man« (Prediger 1,18). Der Blick in die Geschichte kann uns erschrecken, weil wir unsere Normalität plötzlich infrage stellen, aber er gehört dazu, um aus den Fehlern der Vergangenheit zu lernen und künftig eine antirassistische Kirche gestalten können.

Keine kurze Definition von Rassismus

In meinen Seminaren besteht zu Beginn häufig der Wunsch nach einer klaren Definition des Begriffs Rassismus. Manchmal gibt es sogar eine Diskussion darüber, ob der Begriff »Rassismus« noch benutzt werden sollte, weil auch er eine Reproduktion des Rassenkonstrukts sei. Die Verwendung des Begriffs geht meiner Meinung allerdings von der Annahme aus, dass es Rassismus gibt – nicht davon, dass es biologische Menschenrassen gibt. Und solange es Rassismus gibt, müssen wir ihn auch benennen, um ihn zu entlarven und zu dekonstruieren. Alles andere würde uns verstummen lassen und dazu beitragen, Rassismus zu leugnen.

Der Begriff »Rassismus« tauchte tatsächlich erstmalig im Jahr 1938 in Magnus Hirschfelds Werk »Racism« auf, in dem er die Theorien des Nationalsozialismus widerlegte. Darauf baut die Rassismus-Forschung auf. Diese zeigt, dass Rassismus weder erst mit dem Nationalsozialismus begonnen hat noch mit diesem ein Ende fand.[31]

---

31 Arndt, Susan: Rassismus – die 101 wichtigsten Fragen, München 2020, S. 15

Kurze Definitionen des Begriffs verleiten allerdings dazu, das System Rassismus von außen zu betrachten und es dadurch zu verharmlosen. Wir kommen oft viel zu schnell zu der Schlussfolgerung, dass Rassismus das Problem von Menschen sei, die bewusst rassistisch handeln wollen. Wir verknüpfen Rassismus mit einer Absicht. Das macht seine tatsächliche Komplexität so schwer greifbar und trägt dazu bei, ihn allgegenwärtig aufrecht zu erhalten. Dabei ist Rassismus viel weniger bewusst, steckt seit Jahrhunderten in uns allen drin und tritt individuell, aber vor allem institutionell und strukturell auf. Eines ist dabei kennzeichnend: Rassismus teilt Menschen immer in höherwertig und minderwertig ein. Es wirkt die Konstellation von persönlichen Vorurteilen, Ressentiments und systemischem Machtmissbrauch.[32] »Rassismus ist eine weiße Ideologie, ein Denksystem, das in Europa erfunden wurde, um aus einer weißen Machtposition heraus Ansprüche auf Macht, Herrschaft und Privilegien zu grundieren und ihre gewaltvolle Durchsetzung zu legitimieren.«[33] Demzufolge ist Rassismus eine Ideologie der Ungleichwertigkeit, durch die tatsächliche und konstruierte Unterschiede von Menschen bewertet werden. Menschen werden aufgrund ihrer äußeren Erscheinung, Herkunft, Nationalität oder Religion abgewertet. Aladin El-Mafaalani bringt die zu oft verharmloste Allgegenwärtigkeit von Rassismus in seinem Buch »Wozu Rassismus?« ziemlich gut auf den Punkt, indem er schreibt: »In allen Dimensionen, also der ökonomischen, der kulturellen und der psychischen, profitiert man als durch Rassismus privilegierte Person, ob man will oder nicht, und ein durch Rassismus negativ betroffener Mensch ist Risiken ausgesetzt. Es handelt sich um ein komplexes Herrschaftsverhältnis und um ein gesellschaftliches Strukturie-

32 Jewell, Tiffany: Das Buch vom Anti-Rassismus, S. 32

33 Susan Arndt, Nadja Ofuatey-Alazard (Hg.): Wie Rassismus aus Wörtern spricht (K)Erben des Kolonialismus im Wissensarchiv deutsche Sprache. Ein kritisches Nachschlagewerk, Münster 2021, S.12

rungsprinzip, das alle Menschen auf unterschiedliche Weise betrifft.«[34] Kurze Definitionen halfen mir persönlich kaum dabei, wirklich zu verstehen, wie unser europäisches Überlegenheitsdenken, das mir in der Kirche nicht selten begegnet, mit der Geschichte und Aufrechterhaltung des Rassismus zu tun hat. Warum gehen wir in Europa (und den USA) eigentlich mehr als alle anderen Menschen dieser Erde davon aus, dass wir das »Normale« sind und alle anderen eine Abweichung davon und daher »anders« oder »fremd«? Um das zu verstehen, reisen wir ins Jahr 1492, als die Weichen gestellt wurden, um Menschenrassen zu erfinden.

Ein Blick in die Vergangenheit

Die Geschichte, die wir in uns tragen, ist in unserer DNA und in den Geschichten, die uns nie erzählt wurden.
Tiffany Jewell[35]

Mit dem Jahr 1492 verbinden wir alle die Entdeckung Amerikas. Christoph Kolumbus begegnete mir bereits im Kindergarten als Held, der die Welt umsegelte und eine neue Welt entdeckte. Wie kann man aber eigentlich etwas entdecken, das Menschen bereits bekannt ist? Darüber habe ich mir von klein auf keinerlei Gedanken gemacht. Warum auch, wenn wir über diesen netten Onkel doch vertraute Kinderlieder singen? Die »Entdeckung« ist aber ein Euphemismus für die koloniale Eroberung und die Anwendung von Gewalt. Nach der Ausbeutung und Ermordung der Menschen Amerikas hatte Europa Zugriff auf dortige Ländereien und Ressourcen. Dafür wurden Arbeitskräfte benötigt, war der transatlantische Sklav*innen-Handel geboren, und Afrikaner*innen wurden deportiert. Schätzungen sprechen von 18

34 El-Mafaalani, Aladin: Wozu Rassismus?: Von der Erfindung der Menschenrassen bis zum rassismuskritischen Widerstand, Berlin 2021, S. 14

35 Jewell, Tiffany: Das Buch vom Anti-Rassismus, S. 62

Millionen Menschen, die die Amerikas erreichten – ungefähr genauso viele starben auf dem Transport dorthin.[36]

Sklaverei wird bereits in der Bibel benannt, unterschiedliche Ethnien spielen eine Rolle; aber Menschen werden nicht rassifiziert, in biblischen Zeiten gibt es keine Vorstellung von biologischen Menschenrassen. Vielleicht ist es ein stückweit im Menschen angelegt zu denken, dass die eigenen Gedanken die richtigen sind, und in »wir« und »die anderen« zu unterscheiden, um uns in dieser Welt zu orientieren. All das nahm aber ab dem 16. Jahrhundert größere Dimensionen an, die ganz bestimmt nicht mehr natürlich und keineswegs biblisch waren. Den Begriff der »Menschenrasse« gab es zwar auch um 1500 noch nicht, aber der transatlantische Sklav*innenhandel entwickelte sich zu einem riesigen System in einem noch nie zuvor dagewesenen grausamen Ausmaß, welches bereits auf der Herabstufung von Menschen beruhte.[37] Daher wird in der Forschung auch nicht vom »Handel« gesprochen, sondern von der *Maafa* (Suaheli: schreckliche, große Katastrophe), denn es meint mehr als die Verschleppung von Millionen von Menschen. Es heißt auch, dass Menschen der afrikanischen Gesellschaft nachhaltig traumatisiert und nachhaltig ökonomisch und sozial geschwächt wurden, weil über Jahrhunderte hinweg die jungen Generationen aus diesem Kontinent verschleppt wurden, was Auswirkungen bis heute hat. Der Begriff *Maafa* ist ein selbstbestimmter Begriff der Opfer, so wie der Begriff *Shoah*.[38]

Kurz zusammengefasst passierte in den folgenden Jahrhunderten in der *Maafa* dies: Von Europa aus machte man sich mit Waren auf den Weg Richtung Afrika, um diese dort gegen Menschen einzutauschen. Jene Menschen verschleppte man nach Amerika, um diese dort gegen landwirtschaftliche Erzeugnisse

36 Arndt, Susan: Rassismus – die 101 wichtigsten Fragen, S. 52f

37 Ogette, Tupoka: Exit racism: rassismuskritisch denken lernen, Münster 2019, S. 33

38 Arndt, Susan: Rassismus – die 101 wichtigsten Fragen, S. 52

einzutauschen. So entwickelte sich der europäische Wirtschaftsboom im 17. Jahrhundert.

Wie ließ sich das aber mit dem Zeitgeist des Humanismus zwischen dem 14. und dem 16. Jahrhundert vereinbaren? Gar nicht! Deswegen brauchte Europa eine Formel, die besagte: Diese Menschen sind keine richtigen Menschen. Wer kein richtiger Mensch ist, auf den treffen die Werte des Humanismus nicht zu. Die Daseins-Kette des Humanismus (Gott – Adel – Volk – Tiere ...) wurde daher auch benutzt, um innerhalb der Menschheit zu differenzieren: Die einen sind mehr Kultur und deswegen allen anderen überlegen, die anderen sind mehr Natur und deswegen unterlegen.

Diese Logik funktionierte ohne den Begriff der Menschenrassen bis ins 17. Jahrhundert. In Zeiten ohne Internet hielten sich einfache Erklärungsmuster eine Zeit lang, bis sie durch ideologische Thesen, vermeintlich wissenschaftlich belegte Erklärungen und philosophische Rechtfertigungsmuster weiter untermauert wurden. Der französische Arzt François Bernier war 1684 der Erste, der den Begriff der »Rassen« auf den Menschen anwandte und die vermeintlichen »Rassen« unterschiedlich bewertete. Es folgte eine Vielzahl an »Rassentheorien«, die jedoch alle eins gemeinsam hatten: Die *weiße* »Rasse« stand immer ganz oben.[39]

Zudem machte die christliche Farbsymbolik in der Erfindung von Menschenrassen ein verlockendes Angebot, welches genutzt wurde: Schwarz stand für das Böse, Tod, Trauer und Trostlosigkeit (Psalm 16,10; 49,16; 68,21) und Weiß für das Gute, die Heiligkeit und das Himmlische (Psalm 51,7; Jesaja 1,18; Prediger 9,8; Matthäus 17,2; Offenbarung 3,4–5; 7,9; 19, 8.14). Diese Bibelstellen sind ursprünglich selbstverständlich nicht auf Hautfarben bezogen, aber ihre Symbolik eignete sich und wurde dafür genutzt. Von Anfang an war ein enormer Abstraktionsprozess erforderlich, weil offensichtlich war, dass kein

39 Ogette, Tupoka: Exit racism, S. 35

Mensch wirklich schwarz noch weiß ist; aber es funktionierte, weil Europa einen christlichen Freispruch für seine Taten brauchte. Der Wunsch nach Absolution war so stark, dass Wissenschaft genutzt wurde, um diese Taten zu grundieren, aber auch die Kirche musste ihren Teil dazu beitragen, die Ausbeutung zu rechtfertigen.

Wie stark Theologie missbraucht wurde, wird am Beispiel der Auslegung von Genesis/1. Mose 9 über »Die Verfluchung des Ham« deutlich: Zunächst wurde der Besitz von Sklaven und Plantagen dadurch gerechtfertigt, dass dort von Noah erzählt wird, er sei ein Ackermann gewesen. Weiter steht in dem Kapitel, dass Noah von seinem Sohn Ham nackt und betrunken im Zelt aufgefunden wird. Ham macht sich über Noah lustig, seine Brüder Sem und Jafet bedecken den Vater. Als Noah aufwacht, verflucht er Ham und seine Nachkommen. Ab dem 15. Jahrhundert wurde diese Geschichte rassifiziert interpretiert. Es setzte sich die Lehre durch, dass die von Sem abstammenden Völker von Israel aus nach Osten, die von Japhet abstammenden in nordwestlicher Richtung und die von Ham abstammenden in südwestlicher Richtung – sprich: nach Afrika – ausgebreitet hätten.[40] So wurde Noahs Verfluchung von Ham mit afrikanischen Menschen in Verbindung gebracht. Selbst Martin Luther übersetzte Hams Nachkommen mit der rassistischen Fremdbezeichnung »Mohren«, die sich im anderen Zusammenhang noch in der 2017 neu überarbeiteten Luther-Bibel in Jeremia 13,23 hält. Im 17. Jahrhundert erklärte der Theologieprofessor Johann Heinrich Heidegger, dass in dem Augenblick, als Noah den Fluch aussprach, Hams »Haare sich kräuselten und sein Gesicht augenblicklich schwarz wurde«.[41] Diese Auslegung bot eine passende Grundlage, um afrikanische Menschen herabzustu-

40 Ogette, Tupoka: Exit racism, S. 36f

41 https://www.sueddeutsche.de/politik/prantls-blick-geheimdienste-kontrolle-1.4929996, Zugriff: 28.09.2020; Gafney, Wilda C.: Womanist Midrash: A Reintroduction to the Women of the Torah and the Throne, Louisville KY 2017, S. 72–85.

fen, und sie funktionierte und war ein Puzzleteil in der Institutionalisierung von Rassismus und *weißer* Überlegenheit durch die Kirchen.

Aber nicht nur die Kirchen, sondern auch die Philosophie erhielt die Vorstellung von biologischen Menschenrassen weiter aufrecht und führte sie fort. Allen voran Immanuel Kant, der mir in meiner Bildungsbiografie genauso unkritisch und sympathisch in Erinnerung ist wie Christoph Kolumbus. Kant brachte den Begriff der »Rasse« in den deutschen Kontext und veröffentlichte 1775 einen Aufsatz über verschiedene »Menschenrassen«. Darin lehnt er sich an die Theorien der Sklaverei von Aristoteles an, bei dem das Unterscheidungskriterium allerdings nicht die Hautfarbe, sondern die Aufteilung in Griechen und Nicht-Griechen ist. Immanuel Kant schreibt im besagten Aufsatz zum Beispiel: »Die Menschheit ist in ihrer größten Vollkommenheit in der Rasse der Weißen.« Kant unterstützt die Rassentheorie, und das ist keine Fußnote in der Aufklärung, sondern ein zentraler Punkt, der uns in der Schulbildung freilich vorenthalten wird. Bei der Auseinandersetzung mit unserer Geschichte frage ich mich immer wieder: Was alles wurde mir eigentlich aus welchen Gründen nicht gesagt? Vielleicht ist es ähnlich mit Luthers Antisemitismus, der ebenfalls ungern erwähnt wird. – Bis heute wird Immanuel Kant unkritisch an theologischen Fakultäten gelehrt. Seine Philosophien hatten und haben Einfluss auf bekannte Theologen wie Friedrich Schleiermacher, von denen unsere Predigten geprägt und beeinflusst sind.

Georg Wilhelm Friedrich Hegel führte die Gedanken Kants und anderer Philosophen weiter aus und lehrte Anfang des 19. Jahrhunderts, dass die Zukunft in den Händen der »weißen Rasse« liege, da sie die Zivilisation geprägt habe. Außerdem sagte er 1822 in einer seiner Vorlesungen: »Der N* stelle den natürlichen Menschen in seiner Wildheit und Unbändigkeit dar. (…) es ist nichts an das Menschliche Anklingende in diesem Charakter zu finden.« Hegel verbreitete, dass afrikanische Menschen bislang keine Weltgeschichte geschrieben hätten, und plädiert dafür, dass sie dies auch künftig nicht tun sollten. Außerdem kam Hegel bereits auf die Idee, dass Sklaverei zwar nicht gerecht sei, aber es durchaus gerechtfertigt sei, sie auf N*s anzuwenden, weil diese keinen Wert auf Freiheit legten.[42]

Die Sklaverei fand dennoch ein Ende gegen Mitte des 19. Jahrhunderts, aber die Weichen des Kolonialismus waren bereits gestellt. 1884 wurde Afrika unter den europäischen Großmächten auf der Berliner (bzw. Kongo-) Konferenz aufgeteilt. Dazu wurden Rassentheorien weiterhin gebraucht und auch offiziell verschriftlicht und festgelegt. Otto von Bismarck lud Vertreter*innen europäischer Mächte, den USA und des Osmanischen Reichs nach Berlin ein, um Afrika untereinander aufzuteilen. Die Intention dieser Aufteilung war tatsächlich eine gute, denn man überlegte in Berlin, wie man die Sklaverei in Afrika bekämpfen könne, und entschied, dies am besten tun zu können, wenn man die einzelnen Länder selbst beherrschte. Die geraden Grenzlinien afrikanischer Länder erinnern bis heute daran, dass Grenzen am Reißbrett gezogen wurden mitten durch Gesellschaften, Familien und Dörfer, und gleichzeitig auch Menschen zusammengewürfelt wurden, die konfliktreiche Geschichten miteinander teilten.[43] Klima- und Hautfarbentheorien reichten nicht mehr aus, und man begann, Körper zu vermessen und Menschenrassen genetisch bestimmen zu wollen.

Deutschland hatte sechs Kolonien und war 1914 an Fläche das viertgrößte Kolonialreich.[44] Im Ersten Weltkrieg verlor Deutschland seine Kolonien und dies nicht aus Einsicht. Außerdem hat die deutsche Bundesregierung erst im Jahr 2021 offiziell den Völkermord zwischen 1904–1908 an den 50.000 bis 70.000 Herero und Nama im damaligen Deutsch-Südwestafrika anerkannt. Auch deutsche Missionare waren zu der Zeit im heu-

42 Arndt, Susan: Rassismus – die 101 wichtigsten Fragen, S. 63f

43 Ebd, S. 76

44 Ogette, Tupoka: Exit racism, S. 46

tigen Namibia zugegen, und es gibt heute einige Versöhnungsprozesse innerhalb von Kirchen zwischen Deutschland und Namibia.

Diese Fragmente aus der Geschichtsschreibung bilden eine Grundlage für unsere deutsche Geschichte des Nationalismus' im sog. Dritten Reich. Antisemitismus und die *Shoa* sind auch mit Blick auf diese Vorgeschichte zu sehen. Dies ist einer ihrer Nährböden. Die Eugenik hat eine Vorgeschichte im Kolonialismus. Was daraus folgt, beginnen wir erst zu lernen.

Das Christentum als weiße eurozentrische Norm

Dem Rassismus geht es im Kern darum, die weiße Rasse mitsamt dem Christentum, das als dem Weißsein inhärent verstanden wird, als vermeintlich naturgegebene Norm(alität) hinzustellen, um eigene Ansprüche auf Herrschaft, Macht und Privilegien zu legitimieren und zu sichern.[45]
Susan Arndt

Unsere Perspektive als Christ*innen auf die Welt und auch auf die Theologie, die wir predigen und leben, ist gefärbt von dieser Geschichte des Rassismus. Und noch viel mehr: Das Christentum war maßgeblich an dieser rassistischen Vergangenheit beteiligt, untermauerte die Verbrechen moralisch und profitiert bis heute davon. Es waren nicht nur Europäer*innen, die die Welt bereisten und glaubten, ihre Kultur sei die aller anderen überlegen; es waren gleichzeitig auch Christ*innen, die die Welt bereisten und glaubten, ihre Religion sei der aller anderen überlegen. Die Ausbreitung des Christentums von Europa in die Welt trägt diese Geschichte mit sich. Christ*innen hielten sich von Gott dazu berufen, die Welt zu beherrschen, zu »zivilisieren« und zu christianisieren. Dieses Überlegenheitsdenken in Bezug auf das, was wir glauben, beobachte ich bis heute zum

45 Arndt, Susan: Die 101 wichtigsten Fragen – Rassismus, S. 15

Beispiel im interreligiösen oder sogar interkonfessionellen Dialog. Unser Glaube ist der einzige Weg – »Niemand kommt zum Vater denn durch mich« (Johannes 14,6).

Wir müssen uns bewusst werden, dass das Christentum seit dem 15. Jahrhundert ein integraler Bestandteil der Ausbreitung des europäischen Imperiums war. Das weltweite Christentum, das wir heute als normal und gottgegeben ansehen, ist entstanden in den vergangenen 600 Jahren der westlichen Herrschaft über andere Teile der Welt. Es gab das spanische Reich, das Lateinamerika kolonisierte, während das portugiesische Reich Brasilien und Teile Afrikas und Indien kolonisierte. Auf seinem Höhepunkt erstreckte sich das britische Reich über alle Zeitzonen hinweg. Die Ära der europäischen Kolonisierung Afrikas war kurz und dauerte im Wesentlichen von den 1880er- bis zu den 1960er-Jahren, aber sie hatte drastische Auswirkungen auf den Kontinent, von denen viele noch nicht überwunden sind.[46] So genießen wir als Volkskirche bis heute das Privileg, die einzige Religionsgemeinschaft in Deutschland zu sein, die aufgrund ihrer Glaubenszugehörigkeit keinen Rassismus erfährt – im Gegensatz zu unseren jüdischen und muslimischen Geschwistern.

Die Geschichte hat ebenfalls Auswirkungen auf das, was wir an theologischen Fakultäten lehren, lernen und wie wir sprechen. Im Theologiestudium sprechen wir beispielsweise über kontextuelle Theologie. Damit meinen wir alle anderen Kontexte außer dem unseren. Wir in Europa (und die USA eingeschlossen) setzen uns als die Norm, von der alle anderen abweichen und an der alle anderen gemessen werden. Es ist kein Zufall, dass wir diese Sichtweise in die Theologie übernommen haben. Sie entspricht unserer eurozentrischen Sichtweise auf diese Welt, auf uns als weltweite Christenheit mitsamt unserer Missi-

46 Kwiyani, Harvey: Mission after George Floyd: On white supremacy, colonialism and world Christianity; ANVOL: Journal of Theology and Mission, Vol. 36, Issue 3

onsgeschichte und letztendlich auch unserem Glauben an einen Jesus von Nazaret, der aussieht, als ob er aus Berlin käme.

Daher rührt auch mein Grummeln im Bauch, wenn ich gefragt werde, wo ich arbeite, und wahrheitsgemäß sagen muss: »Bei der *Vereinten Evangelischen Mission.*« Das Wort Mission löst auch in mir ein immer noch bestehendes Unwohlsein aus, obwohl ich noch darauf eingehen werde, dass wir als *Internationale Gemeinschaft von Kirchen* den Missionsbegriff neu definieren. Dennoch bleibt ein fader Beigeschmack.

Ja, es gab auch einige Missionar*innen, die sich weigerten, sich dem damaligen System zu fügen – exemplarisch genannt sei Bartolomé de Las Casas, der sich vom Kolonialisten zum scharfen Kritiker wandelte –, aber diese waren immer die Ausnahme von der Regel. Viele Missionar*innen beteiligten sich an diesem System, egal ob bewusst oder unbewusst. Es besteht dennoch bis heute der Impuls bei christlichen Menschen, die alten Missionar*innen verteidigen zu wollen. Als ich zum Beispiel mit einem Kirchenhistoriker über Friedrich von Bodelschwingh sprach und ihn bat, mir Materialien über rassistische Aussagen Bodelschwinghs zu besorgen, fing er zuerst an, den alten Friedrich zu verteidigen, bevor wir zum eigentlichen Punkt kommen konnten. Ich solle aber bitte aufpassen, dass ich den guten Ruf von Bodelschwinghs nicht in den Dreck ziehe. Er habe so viel Gutes getan und sei mit seinen Ansichten schließlich nur zeitgenössisch geprägt gewesen. Ähnlich ging es mir bei Recherchen über Ernst Troeltsch. Ein Theologieprofessor schrieb mir, dass Troeltsch einer der führenden liberalen Theologen Ende des 19. Jahrhunderts war und streng unterschieden habe zwischen Kultur- und Naturvölkern, die wiederum nicht imstande seien, aus dem Naturkreislauf herauszutreten. Troeltsch plädierte daher bei der Mission unter »Wilden und Halbwilden«, wie er sagte, für ein System »patriarchalischer Lenkung und Leitung«. Nach diesen Informationen habe ich mich genauer über Ernst Troeltsch informieren wollen und siehe da: In den meisten Geschichtsschreibungen schien Ernst ebenfalls ein Guter gewesen zu sein. Kaum eine bis keine Erwähnungen zu seinem rassistischen Menschenbild. Und wenn ich rassistische Aussagen in sämtlichen theologischen Texten finde, sind sie in der Regel unkommentiert und laufen dadurch Gefahr, unbedacht reproduziert zu werden; denn es ist im gesamten Studium nicht verpflichtend, sich mit rassistischen, patriarchalen oder kapitalistischen Strukturen der Kirchen zu beschäftigen.

Sicherlich waren Troeltsch, von Bodelschwingh und viele andere tatsächlich Kinder ihrer Zeit und nicht per se schlechte Menschen. Vielleicht schauen Menschen in hundert Jahren auch auf dich und mich zurück und fragen sich, wie wir uns mitten in der Corona-Pandemie mit Antirassismus beschäftigen konnten und gleichzeitig zuließen, dass die meisten Corona-Toten Schwarz waren, während wir ins Fußballstadion gingen und Urlaub machten. Solche Gedankenreisen, die automatisch Rechtfertigungsreflexe in uns hervorrufen, helfen mir dabei, etwas gnädiger auf die Menschen der Vergangenheit zu schauen. Mit diesem gnädigen Blick sollten wir uns trotzdem klar und deutlich mit ihnen und dem beschäftigen, was sie in die Welt getragen haben und das uns bis heute prägt.

Geschichtsschreibung ist immer falsch und richtig zugleich, weil sie eben von Menschen transportiert wird und damit immer subjektiv ist und nie ganz objektiv sein kann. Es gibt bestimmte furchtbare Strukturen, die wir in der Geschichte erkennen und die wir ändern sollten. Die Geschichte hat uns vorgeprägt, aber gleichwohl sind wir ja mündig, und der Ball liegt bei uns. Und das gibt mir Hoffnung! Wir wollen ja anders leben und daraus lernen. Manche der erzählten Geschichten sind nur »falscher« als andere, viele Geschichten wurden häufiger erzählt, andere gar nicht – und dem kommen wir aktuell auf die Spur.

Die Mission ist zum Beispiel keine Erfindung der Kolonialzeit. Bereits im 8./9. Jahrhundert gingen Mönche entlang der Seidenstraße bis nach China: Den Wanderpredigern ging es einfach nur um die frohe Botschaft, nicht mehr und nicht weniger, darum, das Gute zu teilen, ohne zu herrschen oder Gewalt anzuwenden.

Daher plädiert die *VEM* auch dafür, den Missionsbegriff neu zu definieren bzw. so zu verstehen, wie er eigentlich gemeint war, bevor die Kolonialzeit ihn zu dem gemacht hat, was wir heute meist mit dem Begriff assoziieren. Die missio Dei (Gottes Mission) ist lebensspendend gemeint, und wenn wir sie nicht ausschließlich von denen definieren lassen, die diesen Begriff benutzt haben, um andere zu unterdrücken, dann haben wir eine Chance zu erinnern, was mit der missio Dei gemeint ist. Dieser Begriff setzte sich auf der Weltmissionskonferenz 1952 durch und soll ausdrücken, dass nicht länger die Kirchen das Subjekt der Mission sind, sondern Gott selbst.

Das Missionsverständnis wird daher auf unterschiedlichen Ebenen seit den 1950er- Jahren international diskutiert und neu verhandelt. Seit 1996 bezeichnen wir uns als *Internationale Gemeinschaft von Kirchen* und versuchen, Mission neu zu definieren. 1996 entschied die Vollversammlung der *VEM*, dass alle Mitglieder aus Afrika, Asien und Deutschland dieselben Rechte haben, wenn es um finanzielle und politische Entscheidungen innerhalb der Organisation geht. Und sie entschied damals, die Organisationsstruktur von Grund auf zu erneuern. Alte koloniale Strukturen sollten dadurch überwunden werden. Es gibt selbst nach 25 Jahren weiterhin große Herausforderungen, aber ich will damit sagen, dass es eben auch Hoffnungsschimmer in der Kirche gab. So entschied der *Lutherische Weltbund* 1977, dass ein rassistischer Standpunkt von Kirchen zum Ausschluss aus der Religionsgemeinschaft der Lutherischen Kirchen führt und die Mitgliedschaft von vier *weißen* deutschsprachigen Lutherischen Kirchen in Namibia und Südafrika dadurch ausgesetzt wurde.[47]

47 Michaela v. Freyhold/N. Barney Pityana/Sabine Udodesko: Art. Rassismus: ELK3, Band 3, Göttingen 1992, Sp.1438

Rassismus in Deutschland

Gegen den Begriff Rassismus wehren wir uns in Deutschland aufgrund der brutalen Geschichte der NS-Zeit in besonderer Art und Weise. Im privaten wie im öffentlichen Raum: Selbst bei der Bundestagswahl 2017 wurde über den sog. Rechtsruck debattiert, ohne über Rassismus zu sprechen. Es war schon auffällig, dass als Gründe mangelnde Bildung, Armut etc. benannt wurden und doch dieses eine R-Wort meist ausgespart blieb. Wir wollen damit nicht in Zusammenhang gebracht werden und uns erst recht nicht damit identifizieren. Das ist nicht verwunderlich, denn wenn ich eines im Geschichtsunterricht gelernt habe, dann ist es, dass wir uns von den Verbrechen des Naziregimes weit distanzieren wollen. Auch von unseren Großeltern bekommen wir nur gefärbte Erzählungen aus der NS Zeit zu hören – auch sie haben ihre Erlebnisse zum Großteil verdrängt, weil sie sonst nicht zu ertragen wären. Mein Opa wurde über die damalige Kinderlandverschickung als Neunjähriger allein nach Österreich gebracht, um dort unterrichtet zu werden und in Sicherheit zu sein. Als Mutter bricht es mir das Herz, so etwas zu hören, und er berichtet davon, als ob es eine lustige Klassenfahrt gewesen sei. Wenn ich ihn damit konfrontiere, entgegnet er mir: »Ja, so war das damals eben!« Diese Gespräche zeigen mir, dass es seiner Generation verwehrt wurde, das Erlebte aufzuarbeiten. Mit Holocaust-Opfern beschäftigt man sich in Deutschland zu Recht und muss es auch weiterhin tun, aber mit der Generation der Kriegskinder eben wenig. Dabei stellen diese die Mehrzahl der Eltern und Großeltern, die uns bis heute prägen und beeinflussen. Sie haben gelernt: »Vergiss alles und schau nach vorne. Anderen geht es viel schlechter als uns!« Mit dieser Haltung, die nicht immer nur schlecht ist, bin ich aufgewachsen. Die eigene Vergangenheit wurde verdrängt, es wurden nur Held*innengeschichten erzählt und Rassismus weit weggeschoben. Vielleicht fragst du dich an dieser Stelle einmal kurz selbst:

- Wie ist die Geschichte deiner Familie?
- Welche Geschichten wurden dir immer wieder erzählt?
- Welche Intention steckte vielleicht dahinter?
- Über welche Geschichten würdest du gerne mehr erfahren, weil du nicht genug darüber weißt?

Wir lernten über Rassismus fast ausschließlich im Zusammenhang mit Antisemitismus, ohne dies näher zu differenzieren. Daraus folgt der Irrglaube, dass Rassismus und Antisemitismus Phänomene und Verhaltensweisen sind, die man nur bewusst ausübt. Das tun nur »die Bösen«, und besonders in der Kirche gehören wir ja zu »den Guten«, daher betrachten wir das System von außen und sehen uns nicht als Teil des Systems. Ganz im Gegenteil: Wir pflegen Kirchenpartnerschaften, verkaufen und nutzen Fair-trade-Produkte, setzen uns für Frieden, Gerechtigkeit und die Bewahrung der Schöpfung ein und engagieren uns in der Arbeit mit Geflüchteten. Das eigene Mindset, zu denen zu gehören, die es besser machen, ist unglaublich groß und verhindert die selbstkritische Auseinandersetzung, die nötig wäre, um Rassismus zu entlarven und ihm entgegenzusteuern.

Das kollektive Bedürfnis, sich von der brutalen Vergangenheit zu distanzieren, ist größer, als zu akzeptieren, dass Rassismus weder mit dem Zweiten Weltkrieg geschaffen noch beendet wurde – wenn er sich auch in anderen Erscheinungsformen zeigt.[48] Das alles trägt dazu bei, dass wir den Zusammenhang von Ursache und Wirkung in Bezug auf Rassismus nur schwer erkennen können.

In Gesprächen und Seminaren ist es daher wahrscheinlich genauso wichtig, *wie* wir miteinander sprechen, wie *was* wir über Rassismus lernen möchten, weil die eigenen Befindlichkeiten so schnell verletzt werden, Menschen sich angegriffen

48 Roig, Emilia: Why we matter, S. 37

fühlen und direkt zur Verteidigung übergehen: »In meiner Familie gab es keine Nazis.« – »Was hätten meine Großeltern denn tun sollen?« – »Und ich bin heute erst Recht kein Rassist!« – Sätze wie diese begegnen mir nicht selten, wenn ich Rassismus anspreche. Das verhindert leider oft Gespräche, bevor wir sie überhaupt begonnen haben, und wir fragen uns hinterher, wie wir da hingekommen sind, und vor allem, wie wir herauskommen. All diese geschichtlichen Informationen und Definitionen müssen aber erst einmal verarbeitet werden – nicht nur kognitiv, sondern auch emotional. Viele von uns machen das lieber erst einmal mit sich selbst aus, und vielleicht braucht es Jahre, weil manche mit Emotionen konfrontiert sind, die sie bisher nicht kannten. Und weil so vieles infrage gestellt wird, was lange für normal und selbstverständlich gehalten wurde.

All das zu verarbeiten und neue Sichtweisen zu erlangen, braucht Zeit – viel länger als das Lesen eines Kapitels. Es gibt Menschen, die mich sehr beeindrucken, weil sie selbstkritisch viele schwere Wege schon gegangen sind und Worte dafür gefunden haben. Josephine Furian ist *weiße* Pfarrerin in Berlin, sie hat mich zum Beispiel sehr beeindruckt durch ihre kritische Auseinandersetzung mit der Nazivergangenheit und durch ihre Überlegungen zu generationsübergreifendem Leid. Da sie es selbst am besten wiedergeben kann, kommt sie im nächsten Abschnitt selbst zu Wort:

Das Erbe der NS-Zeit – Josephine Furian

»Die Eltern essen saure Trauben, und den Kindern werden die Zähne stumpf«
Ezechiel 18,2

Das Sprichwort aus Ezechiel zeigt, dass Leid oder Schäden generationenübergreifend weitergegeben werden können. Eltern schluckten Unverdauliches, »und die Kinder können nicht mehr richtig fühlen«.[49] *Rassismus beschädigt – auch weiße Menschen wie mich. Ich arbeite als Seelsorgerin in einer Erstaufnahme für Flüchtlinge in Brandenburg, einer Pore unseres postkolonialen Migrationsregimes. »Nicht mehr richtig fühlen« bedeutet für mich die Empathielücke, von der Emilia Roig in »Why we matter« schreibt, also das geringere Mitgefühl für Menschen, die Diskriminierung und Ausbeutung erfahren. Rassismus entfremdet und beschädigt die Empathie- und Beziehungsfähigkeit weißer Menschen. Die Erfahrungen vieler People of Color mit weißen Menschen lassen sie vorsichtig werden: Rassistische (Mikro)Aggressionen sind zu befürchten, und langfristige, gerechte Beziehungen mit mir scheinen unwahrscheinlich. Rassismus trennt mich also von anderen Menschen und von der Gottheit (in uns). Es beschädigt mein Menschsein, unsere Gemeinschaften und den Leib Jesu Christi. Aus vielen Berliner Gemeinden kenne ich es so, dass der sonntägliche 10-Uhr-Gottesdienst mit Glockengeläut den weiß dominierten Gemeinden vorbehalten ist. Ab 13 Uhr ist (ohne Glockengeläut) Zeit für den Gottesdienst der Gemeinden of Color. Und die Bibel? Die habe nicht nur ich gelernt, aus der Perspektive der Herrschenden zu lesen, sodass deren Herrschaft bestehen bleibt. Dabei haben wir mit der Bibel eine Schule der Gerechtigkeit, und auch manch Handwerkszeug ist in ihr, das die Häuser der Herren dieser Erde abreißen könnte.*[50] *Dazu aber später.*

Es gibt Begegnungen in der Erstaufnahme, da stehen die kolonialen Verbrechen gegen die Menschheit zwischen uns wie ein Abgrund. Es sind Verbrechen, die bis heute nach Gerechtigkeit verlangen. Eigentlich haben sie keinen Platz in der

---

49 Rut Poser, https://www.jungekirche.de/2013/0413/2013_04_01-04.pdf, Zugriff: 09.08.2021

50 Ich beziehe mich auf einen Text von Audre Lorde, in dem es nicht um die Bibel geht, aber um Handwerkszeuge. Vgl. Audre Lorde, Du kannst nicht das Haus des Herren mit dem Handwerkszeug des Herren abreißen, in: Dagmar Schultz (Hg.): Macht und Sinnlichkeit. Ausgewählte Texte von Audre Lorde und Adrienne Rich, Berlin 1991, S. 199–212

weiß-christlichen Erinnerung, werden strategisch ignoriert und verdrängt. Auch die Geschichten von Sinti*zze und Rom*nja, jüdischem Widerstand oder Black Power werden nicht erzählt. Vielleicht weil solche Verbrechen – auch die der Vorfahr*innen – eine tiefe Scham auslösen? Vor allem aber wohl, weil weiße Menschen immer noch von ihnen profitieren. Denn unser Wirtschaftssystem, ermöglicht durch die Versklavung afrikanischer Menschen, funktioniert bis heute genuin rassistisch. Um das zu merken, müssen wir nicht Cedric Robinsons »Black Marxism« gelesen haben (auch wenn es sich lohnt). Persönlich und institutionell wird zwar verdrängt, aber die koloniale Amnesie ist brüchig. Die Verbrechen von gestern suchen unsere Beziehungen von heute heim. Diese Heimsuchungen stören die Stabilität zwischen dort und hier, zwischen Vergangenheit und Gegenwart, zwischen den Getöteten und Lebenden. Und ich meine, sie drängen unsere Gemeinschaften zur Heilung und Transformation. Ich habe gute Erfahrungen gemacht, die Heimsuchungen oder die Alp/Träume der Alten in meiner Familie ernst zu nehmen. Sie brachten mich und meine Schwester in viele Archive. Und es entstand das Bild eines staatlich geprüften volksdeutschen Ordnungspolizisten, der mit seinen Kollegen ein Drittel seines polnischen Dorfes in die Vernichtung deportierte. Wir konnten das Dorf erahnen, kannten immer mehr Namen der Toten und Überlebenden. Irgendwann gab es dann einen Videoanruf zwischen uns, den Urenkelinnen der Täter*innen, und den Ur-/Enkelinnen der Überlebenden. Wir haben uns angeschaut, und nicht viel ist geheilt. Aber das Loch, das meine Vorfahr*innen in ihre Dorfgemeinschaft gerissen haben, ist auch uns Täternachfahrinnen sichtbarer, und Neues webt sich um das Loch.

Den Heimsuchungen nachzugehen, birgt die Chance auf eine bessere Zukunft, hoffe ich. Nicht nur persönlich, auch kirchlich. Die Verbrechen meiner kirchlichen Vorfahr*innen wirken weiterhin fort und suchen unsere Ökumene heim. Ihre Mission war ein patriarchaler und rassistischer Angriff auf Gemeinwesen.

Sie war voll der Erniedrigung, spirituellen Missachtung, Trennung und Ausbeutung.[51] *Ein Beispiel: Es war eine Befreiung, als am 19. September 1905 die in Tansania von der Berliner Mission 1899 gegründete Station Jacobi von 2000 Befreiungskämpfer*innen der antikolonialen und Community-übergreifenden Maji-Maji-Bewegung angegriffen wurde.*[52] *Die Missionare Hahn und Gröschel hatten die Signale davor nicht hören wollen, waren weder nach Berlin zurückgekehrt noch spirituell von ihrem weißen Gott umgekehrt. Sie nahmen ihre Maschinengewehre, schossen und flohen.*[53] *Zeitweilig war die Region also befreit von ihnen. Die Namen der Erschossenen und ihre Anzahl fehlen im Berliner Missionsmuseum und überhaupt im weiß-deutschen Gedächtnis – noch. Im Maji-Maji-Krieg und an seinen Folgen starben 15 europäische Menschen und bis zu 300.000 afrikanische Menschen. Die Knochen von rund eintausend Befreiungskämpfer*innen liegen bis heute in Pappkartons der Stiftung Preußischer Kulturbesitz in Berlin. Noch immer wird an ihnen »geforscht«. Ihre Namen wurden entinnert, ihre Spuren verwischt, ihre Würde in Pappkartons zu packen versucht.*

»›Die Eltern essen saure Trauben, und den Kindern werden die Zähne stumpf?‹ So wahr ich lebe – Ausspruch des Lebendigen, mächtig über allen –, dieses Sprichwort soll bei euch in Israel nicht mehr in den Mund genommen werden!« [...] »Daraufhin fragt ihr: ›Warum wird das Kind nicht für die Schuld der Eltern verantwortlich gemacht?‹ Weil Sohn oder Tochter Recht und Gerechtigkeit verwirklicht haben!« (Ezechiel 18,2–3.19)

51 Vgl. Gründer, Horst: Geschichte der deutschen Kolonien, Paderborn u.a., 1985, S. 154

52 Bis 1908 hieß die Organisation »Gesellschaft zur Beförderung der evangelischen Mission unter den Heiden«, nach 1908 »Berliner Missionsgesellschaft« und heute »Berliner Missionswerk«

53 Vgl. Martin Baer/ Olaf Schröter: Eine Kopfjagd. Deutsche in Ostafrika, Berlin 2001, S. 98

Auch wenn uns Rassismus vom Gegenteil überzeugen will: Wir sind untrennbar miteinander verbunden. »Wir sind hier, weil ihr unsere Heimat zerstört« – war einer der wichtigsten Slogans auf dem von Geflüchteten besetzten Oranienplatz in Berlin 2014. Wir sind miteinander verbunden, und einige von uns schulden anderen von uns Entschuldigung und Herstellung gerechter Beziehungen.

Meine Kirche, die es als ihre Aufgabe betrachtet, sich zu ethischen Fragen rund um Würde und Tod zu äußern, schweigt (noch) zu den Knochen in Pappkartons, statt einzustimmen in die Forderung nach einer würdigen Rückgabe. Immer noch spreche und höre ich in weiß dominierten Kirchen eher die Worte »Versöhnung« und »Partnerschaft« als Reparationen. Dabei forderten Black-Power-Bewegungen von weiß dominierten Kirchen schon lange eine grundlegende Restrukturierung, reparatives Handeln gegen Rassismus und Arbeit an wiedergutmachender Gerechtigkeit.[54] Das würde bedeuten, Fragen wie dieser nachzugehen: Wie profitiert(e) die weiß dominierte EKD, ihre Landeskirchen und die Gemeinden von der Maafa und von systematischem Rassismus, und welche Aktionen sind diesbezüglich angemessen? Förderung von Teilhabe und Diversität ist eine gute Sache, aber nein, es ist keine angemessene Antwort auf das Wirken weiß-christlicher Überlegenheit. Das Zerstörte reparieren braucht finanzielle Ressourcen, einen langen Atem, Mut und Genauigkeit gegen Lügen und Verschweigen. Und die Lust, nicht nur weiß zu sein, die Lust auf Befreiung.

Reparationen sind biblisch begründet. Und hier komme ich zurück zum Handwerkszeug gegen manch Herrenhaus dieser Welt: Zachäus kletterte vom Baum herunter und »erklärte, dass er die Hälfte seines Reichtums, den er durch seine Komplizen-

54 Zum Beispiel das »Schwarze Manifest« aus dem Jahr 1969, vorgetragen von James Forman. 500 Millionen US-Dollar sollten US-amerikanische weiße Kirchen und weiße Synagogen an Reparationen für ihre Beteiligung an den Ungerechtigkeiten gegen Afroamerikaner*innen zahlen. Die weißen Kirchen lehnten das Manifest ab.

*schaft in einem ungerechten und gewaltvollen System erworben hatte, den Armen zukommen lassen und das Vierfache als Wiedergutmachung an diejenigen zurückgeben würde, denen er etwas gestohlen hatte. Und damit, so glaube ich, wurde Zachäus befreit«, schreibt Jennifer Harvey in ihrem Buch an weiße Christ*innen über die Erzählung aus Lukas 19.*[55] *Weiß dominierte Kirchen dürfen wie Zachäus vom Baum heruntersteigen und zurückgeben, was durch unsere Kooperation in diesem gewaltvollen, rassistischen Kapitalismus angehäuft wurde und wird. Das ist schwer, ich weiß. Die Versuche, beziehungsfähig zu werden, werden immer wieder durch eigene rassistische Handlungen und in dem Bestreben, die eigene materielle Position zu sichern, verhindert. Wir müssten also dieser alten Geschichte mehr Glauben schenken als unseren weißen Strukturen, um den Zachäus zu machen. Das dürfte aber – so das Evangelium – für uns auch heilsam befreiend sein.*

Rassismus hat verschiedene Gesichter

Auf den letzten Seiten lag der Schwerpunkt auf anti-Schwarzem Rassismus. Einige weitere Erscheinungsformen von Rassismus will ich aber im Folgenden noch näher definieren, weil sie mir im kirchlichen Kontext nicht selten begegnen und ich im Anschluss an das Kapitel über Geschichte nicht den Anschein erwecken möchte, Rassismus beträfe nur Menschen mit afrikanischen Wurzeln. Rassismus tritt immer mit *weißer* Vorherrschaft in Verbindung, aber ist deutlich komplexer, als wir häufig meinen.

---

55 Orginal: »He declared that he would give half of the wealth he had accrued through complicity in an unjust and violent system to the poor, and fourfould back in reparations to those from who he had stolen. And with that, I believe, Zacchaeus was liberated.« Jenifer Harvey, Dear white christians, for those still longing for racial reconciliation, 2020, xxiv

Antisemitismus

Dieses Buch legt keinen Schwerpunkt auf Antisemitismus, aber wenn wir schon darüber sprechen, dass die Auseinandersetzung mit Rassismus vor allem in Deutschland aufgrund unserer Nazi-Vergangenheit so schwierig ist, dann will ich diese Form des Rassismus als erste näher erläutern. Als Christ*innen der Volkskirche haben wir nämlich alle in diesem Land ein ganz großes, selbstverständliches Privileg: Wir sind die dominierende und bereits aus dem Kolonialismus als »normal« angesehene Religion. Die Verflechtung von Rassismus und Antisemitismus ist komplex. Es gibt ganze Institutionen, wie das *narrt-Netzwerk*[56], die sich allein damit beschäftigen, und es ist gut und wichtig, dass es sie gibt. Wir als Christ*innen wissen nämlich nicht, wie es sich anfühlt, schon als Kind durch Polizeikontrollen gehen zu müssen, um Gottesdienst zu feiern, weil es eines besonderen Schutzes bedarf, wenn wir Gott anbeten und feiern wollen. Außerdem haben wir als Kirchen bis heute ein Antisemitismusproblem, das die Evangelischen Akademien in Deutschland in der Broschüre »Antisemitismus und Protestantismus« gut zusammengefasst haben:

»Jede als jüdisch erkennbare Einrichtung muss von der Polizei bewacht werden. Jüdische Friedhöfe werden geschändet, Stolpersteine ausgehebelt und zerstört. Es gibt tätliche und verbale Angriffe gegen Jüdinnen und Juden in aller Öffentlichkeit, es gibt Israel dämonisierende Transparente und Sprechchöre auf Demonstrationen. Antisemitismus äußert sich aber nicht nur in strafbaren Handlungen. Antisemitismus ist nicht nur fester Bestandteil der Überzeugungen und Ideologie der extremen Rechten; ebenso wenig ist Antisemitismus nur ein von Muslim*innen aus dem Nahen Osten »importiertes« Problem. Antisemitismus äußert sich auch in Bildern und Sprache seriöser Medien, in Schulbüchern und Sonntagsreden, an Stammtischen

56 Netzwerk antisemitismus- und rassismuskritische Religionspädagogik und Theologie: https://narrt.eaberlin.de/

und mitunter auch in evangelischen Akademien. Dabei will niemand Antisemit*in sein oder so genannt werden. Das Beharren auf dem angeblich Schädlichen der Juden und Israels paart sich paradox mit einer zur Schau gestellten Distanzierung von Antisemitismus.«[57]

Warum die Auseinandersetzung mit Antisemitismus für uns als Kirche notwendig ist, wird in der oben erwähnten Broschüre deutlich. Die bleibende Erwählung Israels, dass Judas, die Pharisäer und das »Alte« Testament antisemitischen Interpretationen zum Opfer gefallen sind, sind zwar in verschiedenen kirchlichen Erklärungen verschriftlicht und anerkannt, aber im Gemeindekontext höre ich solche Infragestellungen kaum. Stattdessen höre ich auch hier eine enge Verknüpfung von Antisemitismus und dem Holocaust, was gleichzeitig dazu beiträgt, dass wir diese Form des Rassismus ebenfalls weit von uns weisen, obwohl repräsentative Studien belegen, dass Kirchenmitglieder nicht weniger antisemitisch eingestellt sind als der Bevölkerungsdurchschnitt.[58] Der Soziologe Albert Scheer stellte 2011 in seinen Forschungen ebenfalls fest, dass die Erklärungen der *EKD* gegen Antisemitismus von einem relevanten Teil ihrer Mitglieder nicht mitgetragen werden.[59] Die Erfahrung mache ich auch, wenn ich in der Gemeinde darüber sprechen möchte, ob es vielleicht bessere Formulierungen für das »Alte« Testament zu finden gilt, und gleich entgegnet wird, das sei nun aber übertrieben. »Wir können hier nicht alles infrage stellen. Das haben wir immer so gemacht. Und hat's uns geschadet?« Uns nicht, aber anderen. Oder nein, eigentlich hat es auch uns geschadet, sonst würden wir womöglich nicht mit so viel Abwehrhaltung reagieren und solchen Gedanken wenigstens mal Raum geben. Die Erkenntnis, dass Antisemitismus nicht nur ein

57 https://bagkr.de/wp-content/uploads/2019/06/EAD_Broschu%CC%88re_antisemitismus_online.pdf

58 Ebd., S. 6

59 Ebd., S. 6f

Problem der anderen ist, sondern auch in Kirchen vorkommt, wäre ein erster großer und wichtiger Schritt. Es bedarf dringend der Aufklärung, was Antisemitismus eigentlich ist und wo er uns bis heute in unseren Gottesdiensten begegnet.

- Welche Bibelstelle fällt mir ein, die ich heute als antijudaistisch empfinde?
- Wo erlebe ich Antisemitismus in der Kirche, in meiner Kirchengemeinde, im Gottesdienst?
- Mit wem könnte ich darüber sprechen?

Anti-muslimischer Rassismus

Eine weitere Erscheinungsform von Rassismus ist die, die sich gegen Muslim*innen richtet. Rassismus hat bereits geschichtlich »gut« funktioniert, indem man Menschen nicht mehr als Individuen angesehen hat, sondern als kollektive Gruppe »der anderen«. Diese Haltung fällt mir häufig in Gesprächen auf, wenn über *die* Muslime in Deutschland gesprochen wird. Die muslimische Bestsellerautorin Kübra Gümüşay hat mal gesagt: Wenn ein *weißer* Mann über eine rote Ampel geht, wird er als individueller *weißer* Mann, der bei Rot über die Ampel geht, wahrgenommen. Wenn sie, Kopftuch tragend, über eine rote Ampel geht, gehen alle muslimischen Frauen mit ihr über diese rote Ampel. »Die Muslim*innen halten sich nicht an unsere Regeln.« Diese Form der Entindividualisierung ist eine rassistische Form, die ihren Ursprung im Kolonialismus hat. Wir als Christ*innen nehmen Muslim*innen auch deshalb ungern als Teil unserer Gesellschaft wahr, weil wir sie unbewusst sogleich als Gegenentwurf zu unserer Religion ansehen.

Diese Wahrnehmung des Gegenentwurfs führt außerdem zu einer scheinbaren Bedrohung in unserer Gesellschaft, die so gar nicht existieren müsste. Dies zeigte sich mir vor allem bei einem Vortrag der *Neuen Deutschen Medienmacher*innen*. Dort ging es um Fakten und Wahrnehmungen von Muslim*innen in Deutschland. Prozentual gesehen sind 6,1 Prozent der in

Deutschland lebenden Menschen muslimisch. Umfragen zufolge denken Menschen allerdings, dass der Anteil an Muslim*innen in Deutschland bei 31 Prozent liege. Den Unterschied zwischen Fakt und Wahrnehmung finde ich enorm groß und irgendwie auch erschreckend.

Als ich mit 19 Jahren für ein Jahr nach Tansania ging, war meine größte positive Erkenntnis, dass Muslim*innen und Christ*innen ja tatsächlich friedlich miteinander leben können. Ich konnte es kaum fassen, dass wir gemeinsam Ostern und das Ende des Ramadans gefeiert haben. Das war mir nicht nur unbekannt. Ich dachte aus Medien und meiner Prägung, dass wir das als gute Christ*innen nicht dürften. Ich konnte mich gleichzeitig nicht daran erinnern, dass mir das jemals jemand explizit so gesagt hätte, aber ich sah es als normal an, dass man die hohen Feste der Religionen nicht gemeinsam begehen kann. Unbewusst war meine Vorstellung von Muslim*innen, gerade nach dem 11. September 2001, geprägt durch den IS, Al-Qaida und die Taliban. Diese Vorstellung hatte selbst ich, deren Vater Muslim war. Heute weiß ich, dass antimuslimischer Rassismus dadurch aufrechterhalten wird, dass Fundamentalist*innen als die Vertreter*innen des Islams dargestellt werden. Dass diese, wie im Christentum auch, nur einen minimalen Teil ausmachen, verdrängen die Medien und wir auch. Im Zuge der Machtergreifung der Taliban in Afghanistan im August 2021 wiederholte sich die muslim-feindliche Berichterstattung. In der von vielen Christ-Demokrat*innen geäußerten Bemerkung »2015 darf sich nicht wiederholen« wurde ziemlich offensichtlich deutlich, dass Schutzsuchende entmenschlicht wurden. Aber auch Äußerungen darüber, dass *die* Afghanen nicht zu Demokratie fähig seien, schreiben ihnen negative Eigenschaften zu und stellt Afghan*innen als ahistorisches Kollektiv dar. Unter den Tisch fielen die geschichtlichen und politischen Voraussetzungen, unter denen die Taliban an die Macht gelangen konnten. Die Arbeit afghanischer Aktivist*innen wurde ignoriert. Schuldig schien die Kultur, die dem vermeintlichen Kollektiv unveränderlich eingeschrieben sei. Die Auswirkungen von antimuslimischem Rassismus werden in der alltäglichen Diskriminierung auf dem Arbeits- und Wohnungsmarkt, im Bildungsbereich, bei Behörden und im öffentlichen Leben deutlich. Die Zahl von gewalttätigen Anschlägen nimmt außerdem zu. Gleichzeitig werden Stammtischparolen auch in Gemeindecafés laut, und Autoren wie Thilo Sarrazin veröffentlichen Bücher mit Titeln wie »Deutschland schafft sich ab« und befeuern damit die Haltungen mancher Menschen gegenüber muslimischen Zuwanderer*innen; die AfD zieht mit ihrer anti-muslimischen Propaganda in den Bundestag, wir reden in der Kirche darüber, ob Christ*innen in der AfD sein dürfen, und ich höre immer mehr Menschen sagen »Das wird man ja wohl noch sagen dürfen« in Bezug auf rassistische Äußerungen gegenüber Muslim*innen.[60] Bei manchen Menschen bestehen ernsthafte Ängste, aber diese wurden vor allem geschürt von anti-muslimischem Rassismus, den wir viel öfter differenzierter und selbstkritisch in den Blick nehmen müssen.

- Woher stammen meine Ansichten über Muslim*innen eigentlich?
- Ist meine Kritik auf einen konkreten Sachverhalt oder eine Äußerung gerichtet? Oder verurteilt sie pauschal?

Anti-asiatischer Rassismus

Seit dem vermehrten Auftreten der *Black-Lives-Matter*-Bewegungen im Sommer 2020 stehen meine asiatischen und asiatisch gelesenen Kolleg*innen und Geschwister oft daneben und wissen gar nicht, ob sie in die Antirassismus-Bewegung einsteigen sollen oder dürfen. Daher rede ich lieber von People of Color als von Schwarzen oder Afro-Deutschen. Auch wenn »People of Color« Englisch ist, verwende ich den Ausdruck bewusst und

60 https://bagkr.de/wp-content/uploads/2018/07/4_Antimuslimischer-Rassismus_2017-1.pdf

lieber, weil er für mein Empfinden mehr Menschen einschließt: nämlich alle, die nicht der *weißen* Dominanzgesellschaft angehören und dadurch unter Rassismus leiden. Antiasiatischer Rassismus tritt mit seinen Stereotypisierungen und Unterdrückungsmechanismen in anderer Erscheinung auf als Rassismus gegenüber Muslim*innen, Juden und Jüdinnen oder gegenüber Schwarzen Menschen. Jedoch gibt es ähnliche Mechanismen, zum Beispiel das Aberkennen der Individualität. Nach Auftreten des Coronavirus in China wurde nämlich deutlich, dass wir »*die* Asiat*innen« auch mal gern alle in eine Schublade packen. Antiasiatischer Rassismus wurde unter dem Hashtag #ichbinkeinvirus deutlich sichtbar, aber er bestand auch schon vorher und ist wesentlich komplexer. Denn auch Asien ist, wie Afrika, ein ziemlich diverser Kontinent, mit unterschiedlichen Geschichten und Ausprägungen. »Auch Kolonialisierungserfahrungen und Begegnungen mit Weltmissionsbewegungen sind sehr unterschiedlich. So ist die Geschichte Indiens nachhaltig von ihrer britischen Kolonisation geprägt, während Korea von ihrem Nachbarland Japan kolonisiert worden ist, und Japan selbst keine Kolonisierungserfahrungen gemacht hat. Auch die Geschichte der Christentümer ist divers. Neben der kontroversen Begegnung mit Weltmissionsbewegungen entstehen zum Beispiel erste christliche Gemeinden in Korea zunächst durch eigene Initiativen.«[61] Die *Bundeszentrale für politische Bildung* schreibt über antiasiatischen Rassismus: »Basierend auf tatsächlichen und imaginierten Besuchen Asiens, haben seit dem 13. Jahrhundert Europäer*innen Narrative konstruiert und verbreitet, die bis heute wirkmächtig sind. In ihnen erscheinen Asiat*innen als ›anders‹, ›exotisch‹ und ›gefährlich‹. (…) Antiasiatischer Rassismus in Deutschland umfasst unterschiedliche Formen von Gewalt. Diese reichen von verbalen Mikroaggressionen über strukturelle Diskriminierung bis hin zu körperlichen Angriffen

61 Höfer, Alena: https://rassismusundkirche.de/allgemein/anti-asiatischer-rassismus-und-kirche/ , Zugriff: 13.08.2021

und Morden. (...) Dabei unterscheiden sich die in Populärkultur und medialer Berichterstattung weit verbreiteten rassifizierten Zuschreibungen auch nach Geschlecht: So werden asiatisch gelesene Frauen sexualisiert, exotisiert und infantilisiert, Männer dagegen desexualisiert und feminisiert.«[62]

Daher müssen wir all diese Formen von Rassismus in ihrer Eigenart wahrnehmen und gleichzeitig die ähnlich wirkenden Unterdrückungsmechanismen erkennen und entlarven.

- Welche Bilder von *den* Asiaten und *den* Asiantinnen habe ich im Kopf?
- Woher stammen sie?
- Wo begegnen sie mir?
- Habe ich Kontakt zu zu asiatisch gelesenen Menschen?
- (Wie) Kann ich die Bilder korrigieren?

Rassismus gegen *Weiße*

In der Ökumene begegnen mir oft *weiße* Menschen, die ihre Erfahrungen aus Auslandsaufenthalten mit Rassismuserfahrungen von People of Color in Deutschland vergleichen wollen. Bei der Fragestellung kommt meistens schon die Entschuldigung mit einher: »Ich weiß, es ist nicht ganz vergleichbar, aber als ich in Kigali auf dem Markt war, hab ich mich auch so gefühlt.« Ja, es ist in der Tat nicht vergleichbar, zeigt aber, dass es einen unbedingten Drang gibt, Erfahrungen nachzuempfinden. Das ist aber weder nötig noch möglich, denn es gibt keinen Rassismus gegenüber *weißen,* mitteleuropäisch gelesenen Menschen. Eine Ausnahme sind anti-slawischer Rassismus und Antisemitismus. Auch sie können sich gegen *Weiße* richten, aber die hier erwähnten Weißen auf dem Markt in Kigali sind meist auch davon nicht betroffen. Auch *weiße* Menschen machen schmerzhafte Erfahrungen, und ich will diesen und jenen Schmerz

---

62 https://www.bpb.de/apuz/antirassismus-2020/316771/antiasiatischer-rassismus-in-deutschland, Zugriff: 16.08.2021

überhaupt nicht vergleichen. Aber nach dem Lesen der Definitionen, der geschichtlichen Zusammenhänge und der unterschiedlichen Erscheinungsformen von Rassismus ist hoffentlich deutlich geworden, dass Rassismus immer einhergeht mit *weißer* eurozentrischer Vorherrschaft, die ihre Ursprünge im Kolonialismus haben und von *weißen* Menschen geschaffen worden sind, um People of Color zu unterdrücken. Dafür gibt es zahlreiche wissenschaftlich und empirische Belege – für Rassismus gegenüber *Weißen* gibt es keinen einzigen. Wenn du *weiß* bist:

- In welcher Situation wurde mir mein *Weiß*-Sein erstmals bewusst?
- Welche Privilegien genieße ich allein aufgrund meines *Weiß*-Seins?
- In welchen Lebensbereichen profitiere ich unmittelbar von der Benachteiligung eines*einer »anderen«?

Warum es hier nicht um Fremdenhass und Ausländerfeindlichkeit geht

Wenn man sich mediale Berichterstattungen anschaut oder aufmerksam Gesprächen lauscht, stellt man fest, dass der Begriff Rassismus in Deutschland aus oben benannten Gründen gern umgangen wird und lieber von Fremden- oder Ausländerfeindlichkeit die Rede ist.

Fremdenfeindlichkeit unterstellt den Betroffenen allerdings automatisch eine Fremdheit und suggeriert, dass es eine natürliche Angst vor dem Fremden gäbe. Ausländerfeindlichkeit hingegen meint eigentlich nicht alle Ausländer*innen. Es sind keine Schwed*innen oder Niederländer*innen gemeint. Es sind die gemeint, die zu »Fremden« und »Anderen« gemacht werden und nicht *weiß* sind.[63] Daher möchte ich abschließend in diesem

63 Mohseni, Maryam: Empowerment-Workshops für Menschen mit Rassismuserfahrungen: Theoretische Überlegungen und biographisch-professionelles Wissen aus der Bildungspraxis, Wiesbaden 2020, S. 194

Kapitel noch einmal deutlich dafür plädieren, Rassismus zu benennen, wenn es dieser eben ist, auch wenn das Wort wehtut. Wir brauchen dieses Wort, um unser Problem deutlich zu machen.

Ich möchte das kurz an einem konkreten Beispiel veranschaulichen, dem Anschlag in Hanau am 19. Februar 2020.

Durch die Coronakrise ist dieser Anschlag viel zu schnell aus der öffentlichen Debatte verschwunden, aber für viele People of Color in unserem Land hat dieser Tag eine schwere und eine neu oder wieder aufkommende Angst mit sich gebracht, nicht geschützt zu werden in Deutschland. Das gab es nicht oft nach 1945.

Der Täter hat gezielt nach Menschen of Color und muslimisch gelesenen Menschen gesucht. Diese waren allerdings zum Großteil in Deutschland geboren und besaßen einen deutschen Pass. Es waren Christ*innen und Muslim*innen und überhaupt ziemlich unterschiedliche Menschen. In der medialen Berichterstattung nach Hanau waren sie aber vor allem eins: fremd und Ausländer*innen. Dabei waren sie tatsächlich weder das eine noch das andere. Die Medien machten sie dazu, wie sie wahrscheinlich zuvor unsere Gesellschaft auch dazu gemacht hatte. In den meisten Fällen, in denen ich gefragt werde: »Woher kommst du?«, werde ich ebenfalls zur Ausländerin gemacht, wenn die Antwort »Oberhausen« nicht ausreicht.

Hanau ist kein Einzelfall, sondern reiht sich in eine Geschichte des rechten Terrors in Deutschland ein. Seit 1990 gab es mehr als 200 Menschen, die durch rechtsextreme Gewalt in Deutschland getötet wurden. Wir sind nicht die Mörder*innen, aber wir sind Teil dieser Gesellschaft, die manche Strukturen nicht erkennt oder nicht erkennen will. Eine Gesellschaft, die es zu anstrengend findet, sich ständig mit Rassismus auseinandersetzen zu müssen, die immer wichtigere Themen auf der Tagesordnung hat oder um des lieben Friedens willen lieber den Mund hält – im Gemeinderat, am Familientisch und in der Öffentlichkeit. Selbst zum Jahrestag der Anschläge von Hanau, am

19. Februar 2021, gab es zwar zahlreiche Moscheen und Bürger*inneninitiativen von People of Color, die der Opfer gedacht und gegen Rassismus aufgerufen haben, es waren aber leider kaum Kirchen geöffnet oder an den Aktionen beteiligt. Die Volkskirche versteht sich als Teil dieser Gesellschaft, die zu einem Teil aus Menschen besteht, die von Rassismus betroffen sind und die die Kirche einfach nicht in den Blick nimmt. Für diesen Teil sollte sie laut werden, die Türen öffnen und Rassismus ansprechen – nicht nur, aber auch am 19. Februar jeden Jahres.

Liebe *weiße* Kirche ...

Im Geschichtskapitel habe ich uns vor Augen geführt, dass unsere eurozentrische Sicht auf die Welt auch bei uns in der Kirche geschichtlich so verfestigt ist und uns so tief in den Knochen sitzt, dass wir oft gar nicht in der Lage sind, dies überhaupt wahrzunehmen. Eske Wollrad schrieb bereits 2005, dass *Weiß*-Sein eine Machterfahrung beinhaltet, die den meisten *weißen* Menschen gar nicht bewusst ist, weil sie eben als die unhinterfragte Norm gilt.[64] Umso wichtiger ist es, uns immer wieder ins Gedächtnis zu rufen, dass nicht nur die Welt von Europäer*innen erobert wurde, sondern auch die Christ*innen die ganze Welt von Europa aus bekehren wollten und den Missionsbefehl aus Matthäus 28 als Aufforderung dazu verstanden. Wir müssen unsere Kirchengeschichte anerkennen, aufarbeiten und vor allem nicht unkritisch fortschreiben. Mit all dem im Hinterkopf, will ich daher nun einen Schritt weiter gehen, unseren Blick für den »Ist-Zustand« in unseren deutschen *weißen* Kirchen schärfen und aufspüren, wo wir die geschichtlichen Auswirkungen bis heute sehen können.

Nicht mal ein Drittel der weltweiten Christenheit ist *weiß*, und dennoch hält sich eine *weiße* Vorherrschaft bis hin zum *weißen* Gottesbild nicht nur in Deutschland, sondern auch in den weltweiten Kirchen jeglicher Denominationen und Konfessionen. Das Christentum wurde über 600 Jahre lang benutzt, um einen Nährboden für den Kolonialismus zu bieten, aber es hat sich auch benutzen lassen und hält bis heute an seinen Privilegien und überkommenen Ansichten aus der Vergangenheit fest und predigt diese.[65]

---

64 Eske Wollrad: Weißsein im Widerspruch. Feministische Perspektiven auf Rassismus, Kultur und Religion, Königstein/ Taunus 2005, S. 20

65 Kwiyani, Harvey: Mission after George Floyd, S. 2

Dazu kommt, dass wir in der Kirche ein Milieuproblem haben. Wie schon mehrfach betont, gibt es eine Diskrepanz zwischen den Menschen in der Innenstadt und denen, die mir in der Kirche begegnen. Wir sind eine sehr elitäre Institution. Nun könnte man meinen: People of Color sind nicht »elitär« und deshalb bedingt das eine das andere. Diese verkürzte Schlussfolgerung würde zum einen an die im letzten Kapitel diskutierten kolonialen Denkmuster anschließen, ist zum anderen aber insoweit nicht ganz falsch, als People of Color aufgrund vieler Faktoren in einem rassistischen System häufiger von Armut betroffen sind als *Weiße*. Der institutionelle Rassismus in unserem Bildungssystem ist da nur ein Grund unter vielen, die erklären, warum People of Color einfach geringere Aufstiegschancen in unserer Gesellschaft haben als *weiße* Menschen. Wenn wir als Kirchen aber wenigstens schon einmal die People of Color der sogenannten Mittelschicht erreichen würden, wären wir immerhin einen Schritt weiter. Tun wir aber nicht. Und auch das ist kein Zufall.

In den Medien begegnen uns People of Color, die in Verbindung gebracht werden mit Rassismus, Verbrechen, Armut oder Fluchterfahrungen. Diese Geschichten erzählen wir im Prinzip auch in der Kirche und ergänzen den Deckmantel der Nächstenliebe, indem wir für sie spenden oder beten. Vielleicht hast du mir gerade innerlich widersprochen, weil du sehr wohl People of Color in deiner Gemeinde oder deiner kirchlichen Institution siehst: im Sprachkurs, in der Arbeit mit Geflüchteten, bei der Hausaufgabenhilfe, in der Partnerschaftsarbeit, dem Kindergarten und der Diakonie. Als Bedürftige eben. Menschen, die unsere Hilfe brauchen. Menschen, durch die wir all unsere Vorurteile aufrechterhalten und unserem Missionsauftrag folgen.

Das alles tun wir aber mit einem *weißen* eurozentrischen Blick, weil uns in der Kirche PoC-Perspektiven fehlen oder wir sie nicht in den Blick nehmen können. People of Color fehlen auf sämtlichen Ebenen, in allen Berufen und Ehrenämtern. Es fehlen uns die selbstverständlichen Alltagsgeschichten der Menschen, die nicht der *weißen* Mehrheitsgesellschaft angehören. Wie oft sind Menschen schockiert und entsetzt, wenn ich von alltäglichem Rassismus erzähle, der mir mein ganzes Leben lang Woche für Woche begegnet. Menschen haben manche Dinge noch nie gehört und fragen seit dem Mord an George Floyd vermehrt nach. Das ist gut und wichtig, aber auch ich habe nur eine einzige PoC-Perspektive: meine eigene. Und das ist die einer akademisch-gebildeten Frau, deren Muttersprache Deutsch ist.

- Wo erlebst du People of Color in deiner Gemeinde oder deiner kirchlichen Institution?
- Wo kannst du ihnen begegnen?

Von dieser engen Perspektive aus gestalten wir Kirche. Wir sitzen in Leitungsgremien und denken uns Programme und Umstrukturierungen aus, aber wir predigen auch aus dieser Perspektive. Wir gehen automatisch von einem *weißen* deutschen Mittelschicht-Standard aus und sind uns dessen oft gar nicht bewusst, dass wir grundsätzlich aus diesem einen Kontext heraus predigen und Kirche gestalten: *weiß*, deutsch, Mittelschicht, heterosexuell und cis.[66] Diese Menschen haben das Sagen, etablieren Traditionen und Werte und schaffen dadurch eine kirchliche Norm. Bei ihnen liegt die Macht. Diese eine Sichtweise ist mächtig und so allgegenwärtig, dass sie kaum enttarnt und hinterfragt wird, weil alles andere als Abweichung von ihr gilt. Alle anderen Menschen, die unsere gutbürgerlichen *weißen* Gottesdienste besuchen, dürfen vielleicht einmal ein Lied einbringen oder bekommen den Predigttext übersetzt, aber das Grundgerüst darf nicht infrage gestellt werden. »Das haben wir schließlich schon immer so gemacht und gesehen«: Diesen Satz in sämtlichen Variationen höre ich in letzter Zeit

66 Wenn die persönliche Geschlechtsidentität mit dem zum Zeitpunkt der Geburt zugewiesenen Geschlecht übereinstimmt.

vermehrt; in unsicheren Zeiten drückt er vielleicht eine gewisse Hilflosigkeit und Besorgnis aus und hat seine Berechtigung. Wir sind eine Gemeinschaft und wollen zusammen eine Kirche für alle gestalten. Dazu ist es nötig und hilfreich, dass wir einander mehr in den Blick nehmen und Ängste hören und ernstnehmen.

Es verwundert auch nicht, dass wir als Kirche Teil der Dominanzgesellschaft sind und diese Dominanzkultur mit aufrechterhalten. Birgit Rommelspacher hat diesen Begriff geprägt; er beschreibt das Zusammenleben unter mehrdimensionalen, vielschichtigen Macht- und Herrschaftsbedingungen: »Die Dominanzgesellschaft ist geprägt von einer Geschichte, die Herrschen und Beherrschtwerden zu ihren zentralen Ordnungskategorien hat werden lassen. Im Gegensatz zu kolonialen oder faschistischen Gesellschaften ist die Unterteilung in Unterdrückte und Unterdrückende aber nicht eindeutig, sondern verläuft anhand vieler verschiedener Differenzlinien (Frau/Mann, *weiß*/Schwarz, deutsch/nicht-deutsch, arm/reich usw.), was zu einem Verblassen der kollektiven Identitäten und zu Verunsicherung führt. Zudem sind Über- und Unterordnung in Normen, Normalitätsvorstellungen und Alltagshandeln eingelassen. Diese Uneindeutigkeiten verdecken und rechtfertigen bestehende Ungleichheiten und Diskriminierungen, sodass die Dominanzgesellschaft sich ihrer eigenen Hierarchien nicht bewusst ist (oder sein will), sondern sich (allerdings nur oberflächlich) zu Gleichheit und Gleichwertigkeit bekennt.«[67]

Aufgrund all dieser Verstrickungen kamen u. a. Malcolm X und Muhammad Ali zu der Auffassung, dass das Christentum als Religion unauflöslich kontaminiert sei, und konvertierten zum Islam. In der rassismuskritischen Szene Deutschlands außerhalb der Kirche teilen viele Menschen diese Ansicht – vor allem entsprechend ihrer Wahrnehmung, dass die großen Kirchen bis heute sehr *weiß* sind. Gepaart mit den geschichtlichen

---

67 https://www.idaev.de/recherchetools/glossar?tx_dpnglossary_glossary[@widget_0][character]=D&cHash=4ee76652f2f01767495570bb3181a668

Zusammenhängen scheint der Konflikt für viele nahezu unauflöslich. Mich spornt er allerdings geradezu an, auf unsere Ursprünge zu schauen und es allen und uns selbst zu beweisen, dass wir es besser können. Mich treibt er an, eine Kirche zu gestalten, die anziehend und attraktiv ist für so viele, die eine Sehnsucht nach dem haben, was unser Glaube eigentlich zu bieten hat: wertschätzend, vorurteilsfrei, liebevoll und mit Respekt Menschen in den Blick zu nehmen, ihre Perspektive wahrzunehmen und gemeinsam mit ihnen lebendige Kirche zu gestalten.

Damit uns das leichter gelingt, werfe ich im Folgenden einige Schlaglichter auf Rassismus in der Kirche und benenne konkrete Beobachtungen. Ich habe bei solchen Aufzählungen häufig selbst das Gefühl, wir schauen uns einen Scherbenhaufen nach dem nächsten an; aber ich verspreche dir: Anschließend versuche ich, wieder bessere Gefühle hervorzurufen und Ideen zu teilen, weil ich daran glaube, dass wir gemeinsam und langsam die Scherbenhaufen beseitigen können.

Wo begegnet uns Rassismus heute in der Kirche und in kirchlichen Institutionen in Deutschland?

Schau dich mal um in der Kirche!

- Wer leitet deine Kirche?
- Wer predigt?
- Wer sitzt im Kirchenvorstand?
- Wie sehen die Abbildungen der Menschen in der Kinderbibel aus?
- Von wem wird in Predigten und Andachten wie gesprochen?
- Wer ist sichtbar in der #digitalenKirche auf Social Media?
- Wer schreibt Texte für Webseiten, Gemeindebriefe ...?
- Wer sind die Erzieher*innen in der Kita? Wer die Reli-Lehrer*innen?
- Welche Autor*innen / Theolog*innen liest du?
- Wen kennst du aus der Kirchengeschichte?

- Gehören diese Menschen der gesellschaftlichen Norm bzw. der Dominanzkultur an? Wenn nicht, sprechen sie auch Themen an, die von der Norm abweichen?
- Was ist die Norm? Was ist normal? Was wird normalisiert?

Bei der Beantwortung der Fragen wirst du sicherlich festgestellt haben, dass die Antwort meist die gleiche ist: *weiße*, europäische Menschen und Ansichten. War vermutlich nach dem letzten Abschnitt nicht verwunderlich. Es ist aber hilfreich, die einzelnen Aspekte in der eigenen konkreten Umgebung zu befragen – auch hinsichtlich der ganz persönlichen Prägung.

Im Prinzip fangen wir als Kirche und Diakonie genau dort an, rassistische Denkmuster zu verfestigen, wo es unsere gesamte Gesellschaft auch tut: Im frühen Kindesalter in Kindergärten und im Kindergottesdienst. Obwohl es kirchliche Kindergärten gibt, in denen bestimmt die Hälfte der Kinder familiären Bezug zu Ländern des globalen Südens hat, wird auch dort am Narrativ der armen Kinder Afrikas festgehalten. Schon hier müssen wir überlegen, wie unsere Bilder überhaupt noch in die heutige postmigrantische Gesellschaft passen. Was macht das mit Kindern of Color, wenn sie sich als »die Fremden« oder »die Hilfsbedürftigen« dargestellt sehen, obwohl sie genauso wie alle anderen Kinder in Deutschland geboren sind und aufwachsen? Ihre Identifikationsfiguren sind arm und anders, während die *weißen* Identifikationsfiguren Disneyprinzessinnen und Superhelden sind. Diese Bilder haben uns ganz persönlich geprägt, und wir tragen sie weiter in sämtliche Institutionen von Kirche, Diakonie und Caritas. Diese und viele weitere Bilder werden aufrechterhalten in unseren Organisationen. Institutioneller Rassismus gedeiht im Kindergarten, wird fortgeführt und ausgebreitet durch die Verflechtung mehrerer Institutionen und verfestigt sich im kollektiven Wissen. Unsere Hierarchien tragen dazu bei, dass viele Stimmen nicht gehört, erweiternde Sichtweisen nicht gesehen werden und die Fülle unserer Gemeinschaften nicht gelebt wird.

Diese Verflechtungen sind allerdings so stark, dass ich lieber noch einmal konkreter werden möchte.

In Antirassismus-Trainings werden die Teilnehmer*innen häufig aufgefordert, Schwarze Menschen zu benennen, die etwas zur Weltgeschichte beigetragen haben. Diese Personen dürfen nicht aus dem Bereich Sport, Musik oder Aktivismus kommen. Das kann man gut auf die Kirchengeschichte übertragen. Fallen dir People of Color ein, die nicht durch ihren Aktivismus bekannt sind, die Teil der ganz »normalen« Kirchengschichte waren, die die Reformation geprägt haben, historisch-kritische Exegese prägten oder die ersten Gemeinden und Kirchen gründeten? Mir kaum. Und dieser Mangel an Wissen besteht nicht dadurch, dass es diese Menschen nicht gab. Sie wurden einfach nicht erwähnt. Ihre Geschichte wurde nicht aufgeschrieben und weitergetragen – bis heute. Oder es wurde einfach nicht erwähnt, dass sie nicht *weiß* waren. Wie zum Beispiel der Kirchenvater Augustinus. Er kam aus Algerien und war demnach vermutlich Person of Color. Im kollektiven Gedächtnis wie in Kirchenfenstern sehen wir ihn allerdings als *weißen* Mann.

Unsere Theologie hängt eng zusammen mit europäischer Philosophie, und womit diese wiederum zusammenhängt, hab ich im Geschichtskapitel erwähnt. Friedrich Schleiermacher, Begründer der modernen liberalen Theologie, teilte die allgemeine koloniale Geisteshaltungen seiner Zeit und war geprägt von Immanuel Kant.[68] Unsere Lehre ist daher gefärbt vom kolonialen und europäischen Überlegenheitsdenken. Das zeigt sich unter anderem darin, wie wir über Theologien des globalen Südens denken. Es besteht ein gewisser Vorwurf, dass diese als eher unwissenschaftlich und spirituell gelten. Auch dazu trug

68 Aponte, Edwin David: Friedricht Schleiermacher, in: De La Torre, Miguel, Floyd-Thomas, Stacy: Beyond the Pale: Reading Theology from the Margins, Louisville KY 2011, S. 110

Schleiermacher (vermutlich unbewusst) seinen Teil bei, indem er Theologie als Wissenschaft etablierte.[69] Damit war nämlich unsere europäische Theologie als Standard gemeint. Wissenschaft, wie wir sie sehen, schließt beispielsweise Spiritualität aus. Für uns gilt Wissenschaft als objektiv, allgemein nachvollziehbar, auf logischen Schlüssen aufbauend. Wenn du Fakten mit einer Studie belegen kannst, hast du in vielen Diskussionen schon gewonnen. Wissenschaft wurde aber auch missbraucht, um die Erfindung von Menschenrassen zu untermauern und aufrechtzuerhalten. Dennoch setzt sich Eurozentrismus im Theologiestudium fort. Ich lernte von all diesen klugen *weißen* Männern Theologie: Martin Luther, Johannes Calvin, Karl Barth, Dietrich Bonhoeffer, Paul Tillich, Rudolf Bultmann ... Und in meinem Studium war dann die Rede von kontextueller Theologie. Was war damit gemeint? Eigentlich alle anderen Kontexte außer unseren europäischen. Unser Kontext wurde nicht thematisiert, weil wir der Standard waren, als ob Jesus Europäer gewesen wäre und von hier aus eine Religion begründet hätte. Und selbst dann wäre es anmaßend, nach 2000 Jahren immer noch von der einen Norm auszugehen.

Und all diese Ansichten haben konkrete Auswirkungen:

So gibt es beispielsweise nur einen einzigen Lehrstuhl an evangelischen Hochschulfakultäten in Deutschland, der sich ausschließlich mit außereuropäischer Kirchengeschichte und Theologie beschäftigt. Wie soll sich ein Umdenken entwickeln, wenn nur eine Person in München forscht und sich wissenschaftlich damit auseinandersetzt?

Außerdem werden Abschlüsse von evangelischen Pfarrer*innen, die im außereuropäischen Ausland studiert haben, nur sehr schwer anerkannt in der *EKD* und ihren Gliedkirchen. Ihre Ordinationen lassen wir tatsächlich öfter gelten. Sie dürfen dann gern Gottesdienste halten und vielleicht sogar Abendmahl

69 Schellong, Dieter: Bürgertum und christliche Religion. Anpassungsprobleme der Theologie seit Schleiermacher, München 1975, S. 44

austeilen, um ein wenig Schwung in unsere Gottesdienste zu bringen. Aber volles Beamtentum mit sämtlichen Bezügen gibt es bisher nur vereinzelt; vielleicht wird es wegen des Pfarrer*innenmangels in der evangelischen Kirchen dazu kommen, so wie es bereits in der katholischen Kirche der Fall ist. Die Absichten dahinter sind allerdings oft die falschen, und das hat leider schlimme rassistische Folgen zu Lasten der Pfarrer*innen of Color.

Nicht nur in der Hochschulbildung und in der Ausbildung fürs Pfarramt, auch in der gesamten kirchlichen Bildungsarbeit fehlen die Themen Antirassismus, kritisches *Weiß*-Sein und Eurozentrismus. Wir reden zwar über die NS-Zeit im Religions- und Konfirmationsunterricht, aber wir könnten diese Erkenntnisse besser nutzen, um selbstkritisch über Rassismus zu sprechen. Die Vorstellung, dass Rassismus nach 1945 endete, wird auch durch uns aufrechterhalten. Genauso fehlt es an Materialien für Gemeinden, die zum Beispiel in Gottesdiensten oder an Gemeindeabenden verwendet werden könnten, um Rassismus selbstkritisch in den Blick zu nehmen.

Dieser Mangel an kirchlicher Rassismusforschung, Bildung und selbstkritischer Betrachtung trägt dazu bei, dass die Weiterentwicklung dieser Themen und unserer Gruppen ausbleibt oder sich verzögert.

Kirchliche PoC-Mitarbeiter*innen und PoC-Pfarrer*innen sind darüber hinaus ungeschützt Rassismus ausgesetzt, bekommen kaum Rückendeckung, ihre schmerzlichen Erfahrungen werden geleugnet und das Thema damit tabuisiert. Dies klingt so brutal, wie es individuell auch ist, aber es passiert meist in einer Form, die gar nicht als so verletzend wahrgenommen wird. Wir sahen schon: Meist wird Rassismus mit »Stell dich nicht so an!« oder »Das war doch nicht so gemeint« abgetan. Es passiert leider nicht selten, dass Menschen von Pfarrer*innen of Color kein Abendmahl entgegennehmen, von ihnen nicht beerdigt werden möchten oder meinen, sie seien keine angemessenen Seelsorger*innen. Die daraus entstehenden Verletzungen werden, meist aus Hilflosigkeit, relativiert. Damit ist allerdings niemandem geholfen. Es müsste Ombudspersonen oder zumindest seelsorgerliche Anlaufstellen für People of Color in unseren Kirchen geben.

Zudem singen wir rassistische Lieder, ohne zu merken, wie sie uns unterschwellig mit auf den Weg geben, dass es anscheinend doch Menschenrassen gibt. »Herr, deine Liebe ist wie Gras und Ufer – Freiheit, sie gilt für Menschen, Völker, Rassen« oder »Schwarze, Weiße, Rote, Gelbe, Gott hat sie alle lieb!« Ungestört kommt die Reproduktion des Rassebegriffs im Deckmantel der Liebe Gottes daher. Wenn Gott alle lieb hat, scheint ja alles in Ordnung zu sein. Es muss aber auch noch mal extra betont werden, dass nicht nur die *Weißen* geliebt sind. Damit verfestigen wir das Konstrukt von Menschenrassen bereits im Kindergottesdienst und in Kinderköpfen. Und mehr noch, wir tun den armen Schwarzen Menschen doch Gutes, indem wir Spenden sammeln und unsere Kinder mit dem Hinweis auf Hunger in Afrika zum Aufessen motivieren wollen. Schwarz sind die Armen – *weiß* sind die Helfenden. Das Reproduzieren von Vorurteilen ist allgegenwärtig. In Kinderbibeln, Fundraising-Kampagnen, in Missionsgesellschaften, auf Fair-Trade-Produkten, im Gesangbuch: Die Liste ist lang. Kirche trägt dazu bei, dass stereotypische Bilder sich weiterhin in unseren Köpfen verfestigen, und sie hat oft nicht mal ein Bewusstsein dafür, dass dies ein Problem darstellt.

Gleichzeitig nehme ich eine gewisse Hilflosigkeit in Bezug auf die historische Aufarbeitung unserer Kirchen- und Missionsgeschichte wahr. Es gab zwar Versöhnungsprozesse zum Beispiel bezüglich des Völkermordes an den Herero und Nama in Namibia (schon bevor die Bundesregierung diesen anerkannt hat), aber vieles ist in Kirche nie aufgearbeitet worden. Vom Versöhnungsparadigma müssten wir vielmehr zu einem verantwortlichen Reparationsparadigma gelangen, wie Josephine Furian oben ausgeführt hat, um damit anzuerkennen, dass auch die deutsche Kirche bis heute von rassistischen Machtachsen in dieser Welt profitiert. In deutschen Missionsarchiven liegen bis heute (religiöse) Kunstgegenstände, die während der *Maafa* geraubt wurden. In anhaltender Amnesie ist die Herkunft beinah auch archivarisch verdrängt. Obwohl Kontakt zu den Herkunftsgesellschaften durch die Partnerkirchen bestehen, wird an eine Rückführung an vielerlei Stellen nicht gedacht. Wenn zwischen Kirchenpartnerschaften echte Beziehungen entstehen sollen, die nicht nur das Spenden als Grundlage haben, sondern den Gedanken, voneinander zu lernen und miteinander weltweite Kirche zu gestalten, dann kann die Vergangenheit unmöglich totgeschwiegen werden. Sie wird uns einholen.

Es gibt sicherlich weitere Punkte, an denen dir nach der Lektüre dieses Buches rassistische Muster oder Strukturen auffallen werden, und die Liste könnte so weiter geführt werden. Auch wenn wir Grundsätzliches teilweise nicht oder nicht sofort verbessern können, dürfen wir nicht lockerlassen. Wir sollten wir uns immer wieder auf die Suche begeben, Rassismus zu entlarven. Er steckt in unseren Kirchen wie Asbest in den Wänden. Dieser bleibt lange unentdeckt und verseucht uns, wenn wir ihn nicht finden und entsorgen. Daher ist es umso wichtiger, das Gift Rassismus zu erkennen, Kirche auszulüften, ins Gespräch zu kommen und Menschen innerhalb der Kirchen auf unsere Defizite aufmerksam zu machen und sie zu beheben.

Weiße Privilegien: Wo profitieren weiße Menschen in der Kirche?

Wenn wir über Rassismus reden, müssen wir nicht nur fragen, wer leidet darunter, sondern auch, wer profitiert davon. Es ist wesentlich einfacher aufzuzählen, worin People of Color durch Rassismus benachteiligt sind, als aufzuzeigen, wodurch *weiße* Menschen bevorzugt werden. Wir reden schließlich von einer *weißen* Vorherrschaft, die uns auch in der Kirche begegnet. Obwohl es keine Menschenrassen gibt, existiert dennoch die Erfahrung des *Weiß*-Seins, die *weiße* Menschen nicht gelernt haben zu benennen, weil das der »Normalzustand« ist. *Weiß*-Sein wird häufig als Privileg bezeichnet – ein Vorteil, der einer Person gewährt und einer anderen Person verwehrt wird. *Weiße* Menschen haben nie gelernt, dies als Privileg zu bezeichnen, weil es einer Selbstverständlichkeit entspricht. Etwas, was nie hinterfragt werden musste, weil es nie jemand infrage gestellt hat.

Unsere Theologien wurden von *weißen* Menschen geprägt, die sich nicht bewusst und selbstkritisch mit Rassismus auseinander gesetzt oder solchen erfahren haben, – ganz im Gegenteil: Sie haben von diesen *weißen* Privilegien profitiert und profitieren bis heute davon. Das ist die Grundlage der Theologien, die uns bis heute beeinflussen. Das ist die Grundalge unserer Volkskirchen in Deutschland. Darauf basieren unsere Predigten und die Art und Weise, wie wir Kirche gestalten. Ausgrenzung geschieht dadurch so unterschwellig, dass wir es nicht mal merken und mit großen Fragezeichen dastehen, wenn wir feststellen, dass unsere Kirchen so *weiß* dominiert sind. Dadurch empfinden sich *weiße* Menschen als selbstverständlichen Teil der Kirche, während People of Color sich darin nicht wiederfinden. Dafür können *weiße* Menschen erst einmal nichts, weil es schwer ist, das überhaupt zu realisieren. Wie denn auch? Sie selbst sind omnipräsent in der Kirche: auf der Kanzel, in der Kinderbibel, im Gemeindebrief, der Kirchenzeitung, auf den Instagramprofilen, in den Podcasts, auf Twitter, der Kirchenleitung, im Vatikan ... Sie haben Namen, Berufe, politische Orientierungen, sind individuell und handlungsmächtig. Sie machen sich vielleicht auch Sorgen über ihre Zukunft, ihre Berufswahl oder darüber, ob sie irgendwo abgelehnt werden, aber sie würden niemals darauf kommen, dass es etwas mit ihrem *Weiß*-Sein zu tun haben könnte. Wenn es um die Zukunft der Kirche geht, wissen *weiße* Menschen immer, dass sie mitgedacht werden, weil sie diejenigen sind, die eine Zukunftswerkstatt initiieren. Pünktlichkeit, Musikalität, Fortschritt, Rhythmus, Sportlichkeit, Intelligenz ... All das hat immer etwas mit individuellen Leistungen und Talenten von *weißen* Menschen zu tun und niemals mit etwas, das sie angeblich im Blut haben. Außerdem sind sie im kirchlichen Raum anonym, wenn sie anonym bleiben wollen. Sie müssen sonntags morgens nicht zwangsläufig auffallen, wenn sie einen neuen Gottesdienst besuchen oder in einem Gremium oder Plenum sitzen. Die Aufmerksamkeit ist nicht ständig auf sie gerichtet, weil sie nicht der »bunte« Fleck im Raum sind, weil ihre Zugehörigkeit selbstverständlich ist. Weil all das lange Zeit unbemerkt mit *weißen* Menschen passiert, ist es umso wichtiger zu verstehen, dass eben all das keine Selbstverständlichkeit ist. Ich saß schon häufig in kirchlichen Gremien, und mir wurde besondere Aufmerksamkeit geschenkt. Das war meist sogar nett gemeint, wenn Menschen vor der ganze Runde sagten, dass ich Farbe in den Raum bringe. Aber ich kann nicht unbemerkt aufs Handy schauen oder mit ungeputzten Schuhen kommen, weil auch dem eine besondere Aufmerksamkeit zuteilwird. Ich habe dadurch auch eine Rolle zu erfüllen: Die der angepassten »bunten« Person, die hoffentlich den Erwartungen entspricht.

Die meisten *Weißen* ignorieren diese Tatsachen oder sehen diese Ausführungen als Übertreibung an, und das meistens nicht mal bewusst. Sie gehen ja davon aus, dass alle Menschen ohne Angst in unsere Kirchen kommen können, weil sie es selbst können. Das Privileg des *Weiß*-Seins schließt den Luxus eines Lebens ohne allgegenwärtige Angst ein. Nun hab ich zwar weniger Angst, in der Kirche erschossen zu werden, aber in mir läuft ein permanenter Radar ab, der scannt, wo ich eventuell irgendwelchen rassistischen Äußerungen oder Ungleichbehandlungen begegnen könnte. Und wenn jemand mal etwas sagt oder ich benachteiligend behandelt werde, muss ich immer in Erwägung ziehen, ob es an mir lag oder daran, dass ich nicht *weiß* oder auch eine Frau bin. Das ist sehr anstrengend und raubt mir tagtäglich Energie, und das hat nichts damit zu tun, dass ich unter Paranoia leide. Seit ein paar Jahren weiß ich ja überhaupt selbst erst, dass meine Wahrnehmung keine Paranoia ist und ich mit ihr nicht alleine bin, weil ich angefangen habe, mich mit anderen People of Color darüber auszutauschen, und erfahren habe, dass es vielen ähnlich ergeht.

Beim Lesen hast du dich vielleicht gefragt, ob ich das alles nicht doch etwas übertrieben darstelle. Schließlich meinen die Menschen es doch nicht böse. Aber wenn du alltäglich all dem ausgesetzt bist, dann macht das was mit dir. Das sind ja keine Einzelfälle. Ich könnte eine monatliche Zeitschrift mit immer wieder neuen gut gemeinten Rassismus-Erfahrungen herausbringen, und der Stoff würde mir nicht ausgehen.

Daher ist es sicherlich noch härter für *weiße* Menschen, diesbezüglich an einer Veränderung zu arbeiten. Sie müssen an einer Demontage dieses Systems arbeiten, welches zu ihrem Vorteil geschaffen wurde. Auch darauf bezogen ist es vielleicht ein Privileg, nicht *weiß* zu sein. Mir fällt es viel leichter, die *weiße* Vorherrschaft zu spüren, weil ich sie schon immer gespürt habe. Ich muss das alles nicht von Grund auf ent-lernen. Es schockt mich nicht, weil ich es kenne und spüre, seitdem ich mich zurückerinnern kann, und nicht erst, seitdem ich Bücher darüber gelesen habe. Ich muss mir dieses Erkennen nicht hart erarbeiten und reagiere nicht ständig in der Weise, dass das wohl doch alles nicht wahr sein könne, weil ich doch immer dachte, das sei normal.

Daher sind wir in irgendeiner Form alle betroffen von Rassismus, und ich finde es unmöglich zu denken, dass *weiße* Menschen nicht von Rassismus betroffen sind. Sie sind ganz sicher anders betroffen, aber auch das haben sie sich ja nicht ausgesucht. Ich habe mich oft bei Rassismusbüchern gefragt, wie wütend ich wohl wäre, wenn ich *weiß* wäre. Ich weiß nicht, wie sich das anfühlt. Betroffene sind wir also alle irgendwie. Die einen werden durch das System benachteiligt, die anderen profitieren vom System. Es fühlt sich aber bestimmt nicht schön an, zu den Nutznießer*innen zu gehören, sofern man nicht auf Kosten anderer leben möchte. Wie kommen wir weiter?

Wir müssen uns diesbezüglich viel mehr gegenseitig in den Blick nehmen, statt uns zu verurteilen. *Weiße* Menschen werden in der Rassismusdebatte viel zu wenig in den Blick genommen mit ihren Verletzungen. In Talkshows geben sich Menschen einen Schlagabtausch darüber, was man heute überhaupt noch sagen darf, und diskutieren über Identitätspolitik. Und auch in der Kirche werden häufig hitzige Debatten geführt, aber eigentlich könnten wir doch eine andere Diskussionskultur entwickeln. Schließlich strebte das schon der Apostel Paulus in vielen Briefen an die ersten Gemeinden an. Wir sollten einander seelsorgerlich in den Blick nehmen und auch *weiße* Menschen mit ihrem Schmerz nicht alleine lassen. In den ersten Auseinandersetzungen mit Rassismus wird uns allen nämlich Schmerz zugefügt, weil unsere vertraute Welt ins Wanken gerät und sich uns als schädlich zeigt. Dabei wird die komplette Existenz *weißer* Menschen auf den Kopf gestellt. Der Glaube verspricht uns hingegen, uns frei zu machen von den Lasten des Lebens. Christus ist gekommen, um uns von unseren Päckchen zu befreien, die wir mit uns herumschleppen. Wenn Rassismus also eine Last ist, die auch manchen *Weißen* die Luft zum Leben und zum Atmen nimmt, dann kann es enorm befreiend sein, den eigenen Rassismus zu verstehen. Denn niemand der *weißen* Menschen hat sich als Kind entschieden zu lernen, auf Menschen aus allen Teilen der Welt und im eigenen Land herunterzublicken und sich selbst als Maßstab zu sehen. Die Verantwortung tragen Erwachsene, die heute die Chance haben, sich damit zu beschäftigen, damit keine neuen Kindergenerationen mit dieser rassistischen Grundsozialisation und Manipulation aufwachsen und beschädigt werden.[70]

---

70 Brandt, Austen: Materialheft »welt.bewegt – auf dem Weg nach Karlsruhe«, S. 100

Wie ist Jesus weiß und Christ geworden?

Ich finde: Die Spitze des Eisbergs der *Weiß*-Seins-Debatte in der Kirche findet sich bereits im Titel dieses Buches: Wie haben wir es eigentlich geschafft, selbst den Herrn Jesus als *weißen* christlichen Mitteleuropäer zu sehen?

Schau dich mal um in deiner Kirche, auf Instagram, YouTube, Facebook, im Gemeindebrief, der Weihnachtskrippe und in Kinderbibeln!

- Wie sieht Jesus aus?
- Wie sieht dein Jesus aus?
- Wie stellst du ihn dir vor, wenn du die Augen schließt?
- Und wie stellst du dir Menschen vor, die aus Nazaret kommen?

Koleka Putuma ist südafrikanische Schriftstellerin, Theaterregisseurin und Spoken-Word-Künstlerin. In ihrem Video *Water* beschreibt sie ihre zerrissene Beziehung zu einem *weißen* Jesus, der so aussah wie die Unterdrücker der Kolonialzeit. An einen *weißen* patriarchalen Himmel kann sie nicht glauben als Schwarze Frau. Sie klagt in ihrem Video an: »Ihr habt Gott ein Geschlecht und eine Hautfarbe gegeben und damit das Konzept von Gott kolonialisiert!«[71]

Vom Kopf her würden wir ihr nun gern widersprechen und sagen: »Nein, der liebe Gott hat kein Geschlecht und ist weder Mann noch Frau!« An unserer Sprache merken wir aber schon, dass wir Gott oft ein männliches Pronomen geben und es dir in dem Buch vielleicht schon an der ein oder anderen Stelle ungewöhnlich vorkam, wenn ich über Gott auch mal in der weiblichen Form geschrieben habe oder es vermeide, ein Pronomen in Bezug auf Gott zu verwenden. Damit will ich nicht sagen, dass Gott eine Frau ist, aber eben hervorheben, dass weder das eine noch das andere gilt. Es gilt ja nicht ohne Grund das Bilderverbot in Bezug auf Gott. Es bringt zum Ausdruck, dass wir über

71 https://www.youtube.com/watch?v=8dfq3C8GNrE, Zugriff: 23.08.2021

Gott unmöglich verfügen und Gott nicht verbildlichen können. Mit der Hautfarbe verhält es sich im Prinzip genauso: Wir stimmen von der Logik her zu, dass Jesus als PoC und Jude in die Welt kam. Das ist historisch belegbar, und somit muss Jesus von Nazaret Person of Color / Jude of Color gewesen sein. Patriarchat und Rassismus entsprechen aber keiner Logik, und so kommt es dazu, dass wir uns Jesus *weiß* und Gott männlich vorstellen, obwohl manche es gar nicht wollen und wir es besser wissen.

Wie kam es aber dazu, dass Jesus *weiß* wurde? Fangen wir mal dabei an, was wir aus der Bibel über Jesu Aussehen wissen. Eigentlich nicht so viel. Wir wissen, dass Jesus in Betlehem geboren wurde (Matthäus 21) und seine Familie aus Nazaret kam (Lukas 1,26). Jesus schien nicht besonders anders auszusehen als die Menschen um ihn herum, sonst hätte Judas den Soldaten kein Erkennungsmerkmal geben müssen, um Jesus zu identifizieren (Matthäus 26,48). Viel mehr Infos bekommen wir über Jesu Äußeres aus der Bibel nicht, aber die Forschung hat sich damit beschäftigt. Demnach entsprach Jesu Physiognomie in etwa der der Menschen, die im heutigen Irak leben.[72]

In der Zeit des frühen Christentums und aus Lebzeiten Jesu nahm man das Gebot, sich kein Bildnis zu machen, sehr ernst; daher gibt es keine Darstellungen aus dieser Zeit. Die ersten überlieferten Christusdarstellungen stammen aus dem 3. Jahrhundert aus römischen Katakomben. Dort wurde Jesus als guter Hirte dargestellt: mit weißer Haut, Tunika und kurzem lockigen Haar. Sehr römisch. Als Kaiser Konstantin das Christentum zur Staatsreligion erklärte, wurde aus dem Hirten der allmächtige Herrscher mit Bart und langem Haar. Die bildlichen Darstellungen hatten zu der Zeit aber nicht den Anspruch, Jesus möglichst realistisch darzustellen. Bilder sollten bis ins Mittelalter hinein vielmehr die Funktion des Dargestellten deutlich

72 https://www.katholisch.de/artikel/28881-warum-wir-uns-jesus-als-europaeer-vorstellen-und-das-aendern-sollten, Zugriff: 25.08.2021

zum Vorschein bringen. Individualität wurde erst in der Renaissance wichtig. Um die Funktion des Hirten darzustellen, dienten Darstellung von Orpheus, Hermes und Apollon als Grundlage. Der Herrscher-Christus könnte auf Zeus-Darstellungen zurückzuführen sein. Forschungen gehen aber auch davon aus, dass die damaligen Jesusbilder von Philosophen mit Bart und Toga geprägt waren. Dies waren die Grundlagen, als es im 8. und 9. Jahrhundert zum Bilderstreit kam und sich die Auffassung verbreitete, dass Jesus aufgrund seiner menschlichen Natur auch eine darstellbare Seite hätte und es daher nicht gegen das zweite Gebot (»Du sollst dir kein Bildnis machen …«) verstoße, Jesus doch zu verbildlichen.[73]

Im Mittelalter kam der *weiße* Jesus zudem ganz gelegen, weil er weniger jüdisch aussah, als wenn er ein dunkelhaariger Jesus of Color gewesen wäre. Das *weiße* Bild blieb also hartnäckig bestehen – und bot schließlich eine gelungene Grundlage für die koloniale Karriere des *weißen* Jesus. Für europäische Christ*innen war die *weiße* Haut nicht einfach direkt und niederschwellig zugänglich, sie bekam auch eine absichtsvolle geistliche Dimension. Jesus wurde nämlich nicht nur *weiß*, sondern auch Christ. Maria wurde demzufolge ohne Ohrringe dargestellt, denn Ohrringe galten als jüdisches Merkmal und wurden nach der Konversion zum Christentum nicht mehr getragen. Letztendlich gipfelte all das darin, dass die Nationalsozialisten Jesus als »Arier« darstellten. Die Kolonialzeit bot aber auch hier wieder den Nährboden dazu. Es waren europäische Missionare, die den *weißen* Jesus in die Welt trugen. Die *weiße* Haut diente dazu zu untermauern, dass *weiß* herrscht und andere folgen. Hätte der liebe Gott so ausgesehen wie die Unterdrückten, hätte dies zu Irritationen führen können. Dieses Gesamtkonzept wurde nicht nur mittels Bildern durchgesetzt, sondern auch mit redigierten Bibelausgaben für Sklav*innen,

73 https://www.katholisch.de/artikel/28881-warum-wir-uns-jesus-als-europaeer-vorstellen-und-das-aendern-sollten, Zugriff: 25.08.2021

um den Widerstand gegen Obrigkeiten zu tilgen. *Weiß*-Sein wurde zum Merkmal der Herrschenden.[74] Jesus kam ja nicht nur als blauäugiger blonder netter Typ daher, er wurde auch von amerikanischen Kriegsflugzeugen und britischen Kanonenbooten unterstützt, um sich durchzusetzen.[75] Jesusbilder, die einen Jesus of Color darstellten, blieben die Ausnahme und setzten sich daher kaum durch. Bis heute sehe ich in den Kirchen Afrikas und Asiens einen *weißen* Jesus, den die Europäer*innen vor über 100 Jahren dort einführten. Das Bild eines *weißen* Gottes steht im Gegensatz zu der schwarzen Symbolik des Bösen, die sich ebenfalls bis heute in Kirchenliedern und in unserer Sprache hält. Im Prinzip geschah mit Jesus genau das, was generell zur Kolonialzeit geschah: Jesus wurde inkulturiert, ohne zu benennen, dass dies passierte. Es wurde als Standard und Wahrheit verkauft. Das Christentum wurde instrumentalisiert und hat sich instrumentalisieren lassen. Und das ist letztendlich das Problem.

Jesus wurde selbst von der damaligen Kolonialmacht der Römer im eigenen Land hingerichtet, er war Jude, Person of Color und trotzdem ist er einer von uns. Christ*innen glauben, dass Gott ihn nicht im Tod gelassen hat, sondern dass er als Christus in verwandelter Gestalt auferstanden und durch die Heilige Geistkraft für uns alle zugänglich ist. Daher spricht für mich im Prinzip nichts dagegen, vielfältige Jesusbilder darzustellen, um sich mit Jesus zu identifizieren. Wir sollten uns dabei nur bewusst sein, dass weder ein asiatisch gelesener Jesus noch ein weiblicher, weder ein *weißer* noch ein dark-skinned Jesus dem historischen, menschlichen Jesus entsprechen. Und wir sollten aufpassen, dass wir Jesus nicht instrumentalisieren, um Unterdrückungssysteme, wie den Antisemitismus, zu befördern. Der Grat ist schmal, und gerade aufgrund unserer Geschichte sollten

---

74 Ebd.

75 Kwiyani, Harvey: Mission after George Floyd, S. 3

wir lieber einmal mehr betonen, dass Christus in neuer Gestalt dennoch seine jüdischen Wurzeln behält.

Ein südafrikanischer Kollege hat einmal gesagt, dass es nun aber vielleicht nur fair sei und ausgleichender Gerechtigkeit entspreche, wenn wir Jesus nun einfach mal hundert Jahre lang dark-skinned Schwarz darstellen. Da klingt die Frage nach Gerechtigkeit, Wiedergutmachung und Reparation an. James Cone hat gesagt, dass Jesus in den Unterdrückten dieser Welt zu finden ist. Wenn ich mich frage, wer diese Menschen heute wohl sind, dann sicherlich diese, die unter Rassismus, Sexismus, Antisemitismus, Ableismus, Transfeindlichkeit, Homofeindlichkeit ... leiden. Vielleicht dient eine solche Darstellung Jesu dann auch einem Zweck und ist heilsam und legitim. Wenn es also dazu verhilft, dass Menschen und vor allem Kinder sich Jesus näher fühlen, ist es okay. Vielfältige Jesus-Darstellungen im Bewusstsein, dass Jesus Person of Color war, sind eine große Chance für uns alle. *Weiß* wurde Jesus nun lang genug dargestellt, und so kennen wir ihn – wir brauchen unbedingt neue Bilder in unseren Kinderbibeln und Köpfen.

- Was können wir nun tun, um den *weißen* Jesus loszuwerden?
- Wie wurde dein Gott kolonialisiert?
- Du kannst dich fragen, welches Bild von Jesus dir guttut.
- Welches Bild tat dir gar nicht gut?
- Welches Bild war für dich befreiend?
- Und was wäre für dich hilfreich, um einen Zugang zu Gott zu finden?

Kinderbibeln

Die Bestsellerautorin Kübra Gümüşay sagt, dass es schwierig sei, über die Beziehung zu Gott zu sprechen. Das sei ähnlich, wie Liebe in Worte zu fassen. Du versuchst Worte zu finden und presst sie durch das Nadelöhr der Sprache und hinten kommt etwas heraus, aber es entspricht nicht Gott und auch nicht deiner Beziehung zu Gott.

Das ist vielleicht einer der Gründe dafür, warum wir uns kein Bildnis von Gott machen sollen. Wir treffen es ja sowieso nicht. Und dennoch wollen wir es so gern. Damit fangen wir früh an. In Kinderbibeln malen und kreieren wir Bilder, um Gott greifbar und vorstellbar zu machen.

- Wie sah deine Kinderbibel aus?
- Wie hast du dir dadurch Gott vorgestellt?
- Wie sah Jesus aus?

Als unsere Tochter drei Jahre alt war, fragte ich sie, wie sie sich Gott vorstellte. Gott war in ihrem kleinen Kopf bereits ein alter *weißer* Mann, und das hatte sie definitiv nicht von mir gelernt. Oder doch? Vielleicht hatte ich auch dazu beigetragen. Durch meine Sprache und die Wahl der Kinderbibeln, die sie im Schrank hatte. Zum Teil von ihren Pat*innen geschenkt bekommen, die ich alle für ziemlich reflektiert halte, was Diversität im Kinderzimmer angeht. Und doch war Jesus überall *weiß*. So *weiß* wie in den Kinderbibeln ihrer evangelischen Kita. So *weiß* wie der Jesus, der auch in meinem Kopf manchmal noch auftaucht. Da haben wir es wieder, das strukturelle Problem! Es liegt nicht nur an mir, aber das macht es eben nicht einfacher.

Das Thema ließ mich nicht los. Wenn wir in so kleinen Köpfen bereits so ein Gottesbild verfestigen, dann wird sich nie etwas wirklich ändern. Wir müssen bei den nachfolgenden Generationen anfangen, rassismuskritisch neue Bilder zu malen – eine neue Norm zu gestalten oder zumindest die alte Norm zu durchbrechen.

Für mich wurde ziemlich schnell klar: Wir brauchen eine neue Kinderbibel, und als ich das mal hier und da unter Kolleg*innen und Weggefährt*innen äußerte, rannte ich offene Türen ein. Die Idee einer Kinderbibel, die mehr Diversität beinhaltet und sensibel für verschiedene Formen von Diskriminierung ist, fand von Anfang an große Zustimmung, weil es allen so klar war, dass sie wirklich nötig war. Bei keinem anderen

Thema rund um das große Thema Rassismus sind sich Christ*innen so einig wie darüber, dass Jesus definitiv nicht *weiß* war und wir das falsche Bild nicht mehr länger in die Welt tragen dürfen. Und so fand sich sehr schnell eine 15-köpfige Arbeitsgruppe zusammen mit Menschen aus unterschiedlichen Ecken der Kirche, Verlagen und Universitäten, die mit größtem Engagement an einer neuen Kinderbibel arbeiten wollten.

Ich habe selten in einer so engagierten Gruppe gearbeitet, in der wir so oft so kritisch gerungen und diskutiert haben, am Ende immer zusammenkamen und das eine Ziel verfolgten: eine Kinderbibel für alle mit Bildern und Texten, die sensibel und kritisch Diversität auf allen Ebenen ausdrückt.

Und beim kritischen Beleuchten der gängigen Kinderbibeln ist uns noch so viel mehr aufgefallen: Menschen sind nicht nur *weiß* abgebildet, sondern auch schlank, ohne Behinderungen (außer sie werden geheilt), als Mann und Frau in einer glücklichen heteronormativen Kleinfamilie, die es zu biblischen Zeiten noch gar nicht gab. Außerdem ist Jesus nicht nur *weiß*, sondern auch Mitteleuropäer und Christ. Oder zumindest werden seine Jünger, die ausschließlich männlich dargestellt sind, als Juden abgebildet. Dies wird durch eine Kippa verdeutlicht, die es genau genommen erst seit dem 16. Jahrhundert gibt. Dennoch brauchten Illustrator*innen wohl etwas, um zu demonstrieren, dass sie die Juden waren, der Herr Jesus aber einer von uns sei und wir sind nun mal *weiß* und christlich.

Was macht all das mit Kindern? Wie fühlen sich Kinder mit Behinderung, wenn sie sich selbst nur als die in der Bibel sehen, die geheilt wurden? Wenn sie nur problematisiert dargestellt werden? Was macht das mit Kindern, die Schwarz sind oder Juden*Jüdinnen? Wie schön fühlen sich übergewichtige Menschen, wenn selbst in der Bibel alle Menschen 90–60–90 tragen? Das entspricht doch überhaupt nicht dem Kern der christlichen Botschaft! Und warum hat das eigentlich bis ins Jahr 2021 kein Mensch im deutschsprachigen Raum geändert? Sind wir so sehr darauf programmiert, dass *weiß*, christlich, europäisch, heterosexuell, männlich und nicht behindert der Norm entspricht, dass wir es nicht mal gemerkt haben?

Was für Auswirkungen das haben kann, zeigt das »Projective Doll Interview«[76]. Kindern im Alter von zwei bis drei Jahren wurden dabei eine Schwarze und eine *weiße* Puppe vorgesetzt und ihnen wurden Fragen gestellt: Welche Puppe ist die schöne Puppe? Welche Puppe ist klüger? Ergebnis der Interviews war, dass die *weiße* Puppe mehrheitlich mit positiven Eigenschaften in Verbindung gebracht wurde und die Schwarze Puppe mit negativen. Das Ergebnis war unverändert bei *weißen* und Schwarzen Kleinkindern und blieb sowohl im Jahr 1940 in den USA als auch 2010 in Italien unverändert. Es ist erschreckend, wie früh Kinder Narrative aufsaugen und diese sich festsetzen in ihren kleinen Köpfen und sie dann ein Leben lang prägen.

- Wenn du kleine Kinder in deinem Umfeld hast, frag sie mal, wie sie sich Gott vorstellen.

Frag sie nach der *weißen* Disneyprinzessin und der Schwarzen Barbie. Meine Tochter ist mittlerweile fünf Jahre alt. Sie hat etliche PoC-Puppen und viele Kinderbücher mit Schwarzen Superheld*innen und Prinzessinnen. Dennoch steht sie vorm Spiegel mit ihren wunderschönen dicken langen dunklen Haaren und wünscht sich nichts sehnlicher, als blonde Haare zu haben wie Elsa, die Eiskönigin, Bibi Blocksberg oder Freundin Conni.

- Beobachte Kleinkinder beim Rollenspiel.

Kleine Kinder können kaum sprechen und zeigen im Spiel schon, wie die Rollen in der Welt verteilt sind. Bei uns zu Hause gehe ich mehrheitlich arbeiten, und mein Mann ist Teilzeit beschäftigt, studiert und verbringt mehr Zeit mit den Kindern und kocht zu 95 Prozent. Und im Rollenspiel geht trotzdem meistens der Papa arbeiten und die Mama hütet die Kinder. So ist das nämlich in der Welt verteilt, obwohl es zu Hause anders gelebt wird. So früh verfestigen sich Bilder über Rollen, Chancen, Schönheitsideale und letztendlich auch über Gott. Umso wichti-

76 https://www.youtube.com/watch?v=tkpUyB2xgTM

ger ist es, gerade in der frühkindlichen Pädagogik, der Erziehung, in Bildungsmaterialien und Kinderbibeln Verantwortung zu übernehmen. Ich bin davon überzeugt, dass vieles heute einfacher wäre, wenn ich mit mehr Diversität groß geworden wäre. Auch ich muss mich regelmäßig daran erinnern, Gott nicht *weiß* und männlich zu denken, und vielleicht würde es mir leichter fallen, wenn in meiner Kindheit Jesus Schwarz gewesen wäre und jemand Gott auch mal als Mutter angesprochen hätte.

Das Märchen von der Augenhöhe

Die Mission der Kirche ist der größte Feind des Evangeliums.
Paul Verghese (1922–1996)

Der tansanische Theologe Emmanuel Kileo zitierte diese Worte im März 2021 auf einer Tagung zum Thema »Rassismus und Kirchenpartnerschaften«. Teilnehmende waren ausschließlich Menschen aus Missionswerken. Daher zeigte dieses Zitat besondere Wirkung. Das war, glaube ich, auch die Absicht dahinter.

Als die *Black-Lives-Matter*-Bewegungen im Sommer 2020 weltweit sichtbarer wurden und die deutsche *weiße* Kirche sich nun auch mal intensiver mit dem Thema Rassismus auseinandersetzen wollte, klopften sie bei Missionswerken an. Seitdem erreichen uns bei der *Vereinten Evangelischen Mission* bis heute zahlreiche Anfragen bezüglich des Themas »Rassismus und Kirche«. Man kann einerseits sagen, dass die Missionswerke aufgrund der Missionsgeschichte besonders viel zu dem Thema Rassismus aufzuarbeiten haben. Man kann aber auch anerkennen, dass die Menschen, die in der weltweiten Ökumene engagiert sind, sich überhaupt schon mal mit kritischem *Weiß*-Sein, Postkolonialismus und Rassismus beschäftigt haben, lange bevor es die große Mehrheit der deutschen *weißen* Kirche tat. Die meisten People of Color innerhalb der deutschen *weißen* Kirche kommen aus dem Bereich der internationalen Ökumene. Dennoch bleibt die Situation zwiespältig. Es ist ähnlich wie bei transracial-Familien.[77] Familien, in denen People of Color und *weiße* Menschen zusammenkommen, sind nicht nur Beispiele für Antirassismus, sondern auch besonders anfällig für Rassismus. Gesellschaftliche Machtstrukturen schleichen sich unbewusst in unsere intimsten Beziehungen. So sehe ich das auch in der internationalen Zusammenarbeit von Kirchen. Gerade in

77 Familien mit mehr als einer Ethnizität oder Hautfarbe

der weltweiten Ökumene werden Vielfalt, Toleranz, Diversität und Internationalität besonders groß geschrieben. Die fröhlich bunte Gemeinschaft verschleiert den systemischen Rassismus innerhalb der Gemeinschaft, der eine große Rolle spielt und unerkannt bleibt, obwohl wir genau diesen doch verhindern wollen. Wir merken es oft nicht einmal und stehen ab und zu mit Fragezeichen da und wissen nicht, warum jemand so oder so reagiert hat. Rassismus wird in den langjährigen, zum Teil freundschaftlichen Beziehungen ausgeklammert, obwohl auch hier kein rassismusfreier Raum besteht. In der Partnerschaftsarbeit tritt Rassismus häufig in Form von Kulturrassismus auf und bezieht sich nicht auf vermeintlich biologische, sondern scheinbar kulturelle Unterschiede zwischen bestimmten Gruppen. Problematisch wird es, sobald Kultur als unveränderbar, naturgegeben und gleichzeitig unüberwindbare Barriere zwischen den Kulturen gilt.

Erzbischof Desmond Tutu aus Südafrika sagte: »When the missionairies came to Africa, they had the Bibel and we had the land. They said: ›Let us pray.‹ We closed our eyes. When we opened them, we had the Bible and they had the land.«[78] Unsere Gegenwart ist immer noch schwer belastet von den Erfahrungen der Vergangenheit. Die Auswirkungen der Kolonialzeit zeichnen sich bis heute vor allem auch in der weltweiten Ökumene ab. Rund 70 Prozent der weltweiten Christ*innen sind People of Color, und dennoch besteht bis heute eine *weiße* Dominanz in der Mission, die das wahre Bild der Weltchristenheit nicht widerspiegelt und nur mit dem Kolonialismus zu erklären ist. Darüber können wir kaum offen und ehrlich sprechen, weil wir alle so tief darin verstrickt sind und das unsere fröhliche Gemeinschaft gefährdet. Dennoch wird um vieles gerungen in

---

78 Als die Missionare nach Afrika kamen, hatten sie die Bibel und wir hatten das Land. Sie sagten »Lasst uns beten«. Wir schlossen unsere Augen. Als wir die Augen wieder öffneten, hatten wir die Bibel und sie hatten das Land.

der Ökumene – auch zum Thema Rassismus und nicht erst seit dem Mord an George Floyd. Der *Ökumenische Rat der Kirchen* setzt sich bereits seit den 1980er-Jahren selbstkritisch mit dem Thema Rassismus auseinander, und auch wir in der *Vereinten Evangelischen Mission* führen diese unbequemen Gespräche seit über 30 Jahren. Durch unser internationales Kollegium in der *VEM* sprechen wir dadurch Dinge an, die ganz schön für Trubel sorgen. Im Frühjahr 2021 verfassten drei meiner asiatischen und afrikanischen Kolleg*innen zum Beispiel ein Partnerschaftspapier, in dem sie unter anderem sehr deutlich zur Sprache brachten, wie sehr die »Geber-Nehmer-Mentalität« die echte Gemeinschaft verhindert und das alte paternalistische Denken nun wirklich endlich überwunden werden sollte. Du kannst dir die Welle der Empörung kaum vorstellen. Ähnlich klar und deutlich waren die Worte auf der oben besagten Tagung zum Thema »Rassismus und Kirchenpartnerschaften«. Der tansanische Theologe und ehemalige Generalsekretär der *VEM*, Dr. Fidon Mwombeki, berichtete, wie ihm bei seinem ersten Besuch in Europa ein 10-jähriger Junge nach dem Gottesdienst ein Geldstück in die Hand drückte mit den Worten: »Ihr habt ja so wenig in Afrika«. Menschen aus dem globalen Süden würden regelmäßig bei Besuchen in Deutschland mit Fragen in Grundschulen oder Gemeinden von Kindern konfrontiert werden, die lauten: »Habt ihr Kleidung gekauft, als ihr hier angekommen seid?« oder »Leben die Menschen bei euch in richtigen Häusern?« Kinder stellen Fragen, die Erwachsene sich nicht zu stellen trauen, aber die Frage ist ja, wie die Kinder auf diese Fragen kommen. Als erster und bislang einziger afrikanischer Leiter eines Missionswerks in Deutschland und als erster Afrikaner im Rat der *Evangelischen Kirche in Deutschland* hat Fidon Mwombeki einiges beobachten können und packte bei dieser Tagung ganz schön aus. Die Missions- und Kolonialgeschichte haben unser Denken auf allen Seiten beeinflusst. So hatte mal eine Deutsche Partnerschaftsgruppe infrage gestellt, ob eine Partnerschaft überhaupt noch Sinn machen würde, wenn die

Partner*innen im Globalen Süden nun kein Geld mehr bräuchten. Als er einem Kindergarten in Wuppertal anbot, Spenden aus Asien und Afrika zu akquirieren, um den Kindergarten vor einer bevorstehenden Schließung zu bewahren, lehnte die Kirchengemeinde die Spenden ab mit der Begründung, dass die Leute in Deutschland das nicht verstehen würden. Dann lieber den Kindergarten schließen. Gleichzeitig würden deutsche Freiwillige in Afrika und Asien regelmäßig um Geld gebeten und Menschen aus Partnerschaften des globalen Südens erbitten zum Teil auch eindringlich um Spenden. Die Denkweisen und die Erwartungen bestünden auf beiden Seiten. Sogenannte Süd-Süd-Partnerschaften (aus zum Beispiel einer Kirche in Botswana und einer auf den Philippinen) hätten diese Probleme nicht. Es gäbe dort weder Bedarfslisten noch Partnerschaftsverträge oder Korruptionsvorwürfe, die eine gute Beziehung unmöglich machten. Die Partnerschaften hätten daher Raum für andere Themen.[79]

Ich mag den Begriff positiver Rassismus nicht, weil er impliziert, dass es irgendetwas Positives an Rassismus gäbe. Mit positiven Rassismus verbinden Menschen, dass es auch rassistisch ist, davon auszugehen, dass Schwarze Menschen gut singen, tanzen, euphorisch predigen oder schnell laufen können, weil sie es ja im Blut haben. Das Stichwort Blut in solchen Äußerungen zeigt ziemlich deutlich, dass der Glaube an Menschenrassen hier wieder subtil zum Vorschein kommt. Das angeblich Positive könnte darin auch die Antithese implizieren, dass Schwarze Menschen im Umkehrschluss manche Dinge aber eben auch nicht so gut können: pünktlich sein, rechnen, fundierte Theologie lehren oder denken generell. Es besteht die Gefahr, dass die Menschen des Globalen Südens auf bestimmte Dinge reduziert werden. Selbst die positiven Annahmen fördern den Glauben an geneti-

79 https://www.missionsakademie.de/files/tima_18_web.pdf, Zugriff: 10.09.2021

sche und/oder kulturelle Unterschiede und bilden den Nährboden für Rassismus.

An keinem Ort im kirchlichen Raum begegnen mir all diese Äußerungen so oft, wie in der Partnerschaftsarbeit der weltweiten Ökumene, obwohl alle über Jahrzehnte so gut miteinander befreundet sind. Auch mir werden positive Dinge als Komplimente zugeschrieben, weil ich ja ein bisschen davon im Blut habe. Diese Äußerungen werden nicht nur von *weißen* Menschen getätigt – auch Schwarze Menschen spielen in Gesprächen mit diesen Zuschreibungen. Ein ehemaliger kamerunische Kollege pflegte ständig zu sagen: »Gott gab uns die Zeit und euch die Uhren!« Dieser Spruch beinhaltet nicht nur eine Absolution, sondern auch eine Theologisierung (Gott gab ...). Der besagte Kollege wusste, was er sagte, war selbst sensibilisiert für die Mechanismen von Rassismus, aber es trug zur allgemeinen Belustigung bei und war vermutlich auch eine Art der Verarbeitung. Es ist nämlich gar nicht so einfach, das Thema Rassismus in kirchlicher Partnerschaftsarbeit anzusprechen. Menschen, die sich seit Jahrzehnten ökumenisch engagieren und zum Teil schon in der Anti-Apartheids-Bewegung aktiv waren, zu sagen, dass ihre Einstellungen und Komplimente rassistisch seien, schlägt sofort Wellen, und man braucht die Kraft, sie auszuhalten. Und dabei will ich gar nicht sagen, dass diese Wellen nur Menschen wehtun, die das aussprechen, sondern auch jenen, die angesprochen werden und sich verletzt fühlen.

Daher bewundere ich den tansanischen Pfarrer Dr. Emmanuel Kileo, der 2016 seine Dissertation »Weißsein als ideologisches Konstrukt in kirchlichen Süd-Nord-Partnerschaften« veröffentlichte. Wissenschaftlich fundiert regt er dadurch wichtige Diskussionen in der Ökumene in Deutschland an. Er geht auch auf die Zeit-Uhren-Dynamik ein und erläutert, wie Menschen aus dem globalen Süden dadurch hierarchisch nach unten positioniert werden und macht das an einigen Aussagen fest. Eine deutsche Kollegin, die in Tansania arbeitete, schrieb ihm einmal: »Ich habe ein wenig Zeit gebraucht, um deine E-Mail zu beantworten, vielleicht bin ich schon von Tansania infiziert: Polepole – (langsam).«[80] Diese Art Witze und Vorurteile werden immer mehr als Wahrheit manifestiert. So existieren auch Ratschläge in Bezug auf Partnerschaftsgruppen wie diese: »Wenn der Bus um 9 Uhr abfährt, sag den Gästen einfach 8:30 Uhr. So machen sie das da unten mit ihren Treffen auch.« Oder »Wir treffen uns um 13 Uhr, deutsche Zeit, nicht afrikanische Zeit.« Menschen aus dem globalen Süden schaffen es nicht mal, der Diskriminierung zu entkommen, wenn sie dann doch wider alle Erwartung pünktlich sind. Lob klingt dann nämlich so: »Du bist ja schon ein Europäer geworden.« Zum Europäer gekürt zu werden, gleicht vielleicht dem Kompliment, dass Frauen ernten, wenn sie Stärke zeigen: »Du bist stark wie ein Mann!« Nun werden an der Stelle viele Leser*innen Beispiele im Kopf haben, die scheinbar belegen, dass es tatsächlich ein unterschiedliches Zeitverständnis gibt. Und ja, ich kenne diese individuelle Erfahrung auch, aber an den Beispielen möchte ich verdeutlichen, dass wir vorsichtig sein sollten, Menschen durch Unterschiedlichkeiten nicht zu entindividualisieren (»Die sind alle so«) oder Kultur als die »Quasi-Rasse« zu benutzen und Unterschiede zu kulturalisieren (»Das haben die im Blut«). Wenn wir Kultur ansehen als etwas, das Menschen erlernt haben, und nicht als etwas, das angeboren ist, kann das ein guter Umgang mit vermeintlich kulturellen Unterschieden sein. Außerdem liegt die Gefahr schon in unserer Sprache, wenn wir von »denen« sprechen. Jeder Mensch sollte die Möglichkeit haben, als Individuum und veränderbar wahrgenommen zu werden. Wir sollten uns bewusst sein, dass es uns strukturell schwerfällt, diese Selbstverständlichkeiten auf Menschen außerhalb Europas anzuwenden. Alles andere, was nicht den Normen- und Wertesystemen hier in Europa entspricht, gilt als Abweichung und ist oft untrennbar mit Abwertung verbunden.[81] Das europäisch-christ-

80 https://www.missionsakademie.de/files/tima_18_web.pdf, Zugriff: 10.09.2021
81 Ebd.

liche Überlegenheitsdenken steckt so tief in uns, dass wir es in nett gemeinten Aussagen nicht mal merken. Harvey Kwiyani stellt daher sogar die These auf, dass das Konzept der Mission, wie wir sie heute verstehen, Rassismus und *weiße* Vorherrschaft in seiner DNA trägt.[82] Vielleicht sprechen wir daher auch über die »jungen« Kirchen, wenn wir über Kirchen im globalen Süden sprechen. Wir sind hingegen die »alten« Kirchen, die ursprünglichen, und infantilisieren die Kirchen des globalen Südens dadurch. Dabei stehen die ältesten Kirchen der Welt in Israel, Jordanien, Äthiopien und Syrien.

Wie kann es aber sein, dass man sich für mehr Gerechtigkeit in der internationalen ökumenischen Arbeit von Kirchen engagiert, mit People of Color sogar freundschaftliche Beziehungen führt und gleichzeitig all diese rassistischen Narrative in sich trägt und reproduziert? In der Psychologie nennt man dieses Phänomen kognitive Dissonanz. Es erklärt, dass ein Mensch gleichzeitig unterschiedliche Wahrnehmungen, Gedanken und Meinungen haben kann, die eigentlich nicht miteinander vereinbar sind. Dadurch kann man sich konträr zur eigenen Überzeugung verhalten, ohne dass es dafür eine externe Rechtfertigung gibt. Besonders stark wird diese Dissonanz, wenn das positive Selbstbild gefährdet scheint. Wenn jemand zum Beispiel als diskriminierend dargestellt wird, sich selbst aber als besonders weltoffen sieht.[83] Das hat bereits im Kolonialismus funktioniert, wirkt sicherlich auch bei der AfD-Politikerin Alice Weidel, die mit einer Frau aus Sri Lanka verheiratet ist, und ist eben auch eine Erklärung für die oben genannten Beispiele aus der Partnerschaftsarbeit.

Dennoch leben wir ja in einer Welt, in der die Güter tatsächlich ungerecht verteilt sind. Die Augenhöhe zu finden, ist daher eine Herausforderung, weil äußere Gegebenheiten dazu beitragen, Machtverhältnisse aufrechtzuerhalten. Auf dem Kirchen-

82 Kwiyani, Harvey: Mission after George Floyd, S. 5
83 Ogette, Tupoka: Exit Racism, S. 34f

tag sagte mal jemand: »Wenn Afrika eines Morgens im Meer versinken würde, würden die Börsen von New York und Frankfurt nicht um zwei Prozent sinken.« Vielleicht war das etwas überspitzt, aber das hat die wirtschaftliche Ungerechtigkeit gut zum Ausdruck gebracht. Es gibt dadurch natürlich eine große *weiße*, westliche Verantwortung, aber es ist trotzdem eine schwierige Gratwanderung, eine gemeinsame Augenhöhe zu finden. Wenn sich jemand mal kurz bückt, um ein bisschen Geld zu teilen, und man sich dabei in die Augen schaut, ist man dadurch nicht auf gleicher Augenhöhe. Vielleicht ist aber auch das Bücken das Problem. Um auf Augenhöhe zu sein, sollten wir uns stehend in die Augen schauen. Vielleicht schauen wir aneinander vorbei, wenn wir uns bücken oder nach unten blicken, weil wir uns als Menschen nur nebeneinander auf Augenhöhe wirklich sehen können. Die Frage bleibt aber auch, ob Augenhöhe überhaupt in diesen Missverhältnissen der Welt möglich ist oder es eben ein Märchen bleibt.

Harvey Kwiyani behauptete, dass jede Missionsgesellschaft, die mehr *weiße* als People of Color beschäftigt, Teil des Problems sein wird in einer Welt, in der mehrheitlich Christ*innen of Color leben. Es bestünde eine Inkongruenz, die nur mit dem Kolonialismus zu erklären sei und den Glauben daran aufrechterhält, dass Mission ein westliches Phänomen ist. Auch wenn eine Quotenregelung nicht die Lösung aller Probleme ist, würde diese Idee zumindest die Perspektive ändern. In der weltweiten Ökumene liegt nämlich eigentlich eine große Chance, sich von rassistischen Mustern befreien zu können, wenn wir es wagen, die Perspektive voneinander einzunehmen, ohne gleich unsere Sichtweise als Norm anzusehen. Wir müssen bereit sein, unbequeme, aber bereichernde Wege zu gehen und dabei eigene rassistische Muster zu hinterfragen. Um es mit den Worten von Emilia Roig zu sagen: »Es verlangt Arbeit, Bescheidenheit und die wichtige Erkenntnis, dass Rassismus zu bekämpfen in erster Linie nichts mit den Gefühlen und Bedürfnissen von *weißen*

Menschen zu tun hat.«[84] Im Fokus stehen People of Color, und die *weiße* Vorherrschaft muss dabei immer wieder Platz machen, obwohl sie sich ständig dorthin drängen wird, weil wir es alle so gewohnt sind.

Eurozentrismus als Kernproblem der internationalen Ökumene

Wenn sie sprechen, ist es wissenschaftlich,
wenn wir sprechen, ist es unwissenschaftlich.
Universell/spezifisch
objektiv/subjektiv
neutral/persönlich
rational/emotional
unparteiisch/parteilich
sie haben Fakten, wir haben Meinungen
sie haben Wissen, wir haben Erfahrungen.
Grada Kilomba, Plantation Memories

Gerade in der internationalen Zusammenarbeit müssen wir Europäer*innen unseren Eurozentrismus erkennen und diesem Denken aktiv auf die Spur kommen und es dekonstruieren. Eurozentrismus beschreibt die Perspektive, die Europa ins Zentrum stellt und den Rest der Welt aus dieser Perspektive bewertet. Europa gilt als Gestalter der Weltgeschichte, der Weltchristenheit und Ursprung des Fortschritts und der Moderne. Kirchengeschichte wird bei uns so gelehrt, als beginne sie mit Europa. Die uralten Kirchen in Äthiopien, Armenien, Iran oder Südindien werden nicht wahrgenommen. Doch auch die Mission begann nicht mit der europäischen Kolonisierung, sondern fand durch nestorianische Mönche aus dem heutigen Iran/Irak schon im 8. und 9. Jahrhundert auf der Seidenstraße statt. Aus eurozentrischer Perspektive wird der globale Süden aller-

---

84 Roig, Emilia: Why we matter, S. 44

dings als rückständig und entwicklungsbedürftig gesehen – da ist es viel stimmiger, den Start der Missionsgeschichte auch bei uns anzusiedeln und alles andere auszuklammern. Es wird davon ausgegangen, dass andere Länder außerhalb Europas nur mithilfe europäischer Hilfe »modernisiert« werden könnten. Alle anderen sind in diesem Konzept passive Objekte europäischen Handelns. Dies alles führt dazu, dass wir uns in Europa als Vorreiter*innen bezeichnen – im Blick auf wirtschaftliche, politische, theologische und soziale Aspekte.[85]

Am Beispiel Homosexualität wurden mir innerhalb der internationalen *VEM*-Gemeinschaft die Augen diesbezüglich geöffnet. Ich dachte lange Zeit, dass wir in Europa viel weiter seien in Bezug auf die Gleichstellung der queeren[86] Community. Die Wahrheit ist, dass mir Kolleg*innen aus Asien und Afrika zeigten, dass Europa die Homofeindlichkeit mit dem Kolonialismus in die Welt getragen hat und dadurch bis heute Gesetze bestehen, die Homosexualität kriminalisieren. Es gab schon lange vor der Kolonialzeit durchaus Gender-Fluidität und Queerness unter anderem auf Java in Indonesien.[87] Das ist uns in unserer Kirche allerdings unbekannt, und in der internationalen Auseinandersetzung heißt es gerne pauschal: In Deutschland sind wir im Gegensatz zum globalen Süden total weltoffen. Zum einen stimmt das gegenwärtig sowieso nicht, weil es durchaus differenziert innerhalb von Kirchen und Ländern betrachtet werden muss, zum anderen zeigt die Geschichte, dass Europa seinen Teil dazu beigetragen hat, und das heute gerne ausgelassen wird oder einfach nicht bekannt ist, dass unsere deutsche

85 www.instagram.com/saymyname_bpb, Zugriff: 13.01.2021

86 Queer ist eine Selbstbezeichnung von Menschen, die nicht der heterosexuellen Geschlechternorm entsprechen. Dazu zählen unter anderem lesbische, schwule, bisexuelle, transgeschlechtliche oder intergeschlechtliche Menschen.

87 https://www.vemission.org/fileadmin/redakteure/Dokumente/Publikationen/VEM_Journal/200722_VEM_Journal_02_2020.pdf S. 12 – 16, Zugriff: 15.09.2021

Kirche gar nicht so viel »weiter« ist. Eurozentrismus verleitet uns dazu, vorschnell zu urteilen und die Dinge nicht in ihrer geschichtlichen Einbettung differenziert zu betrachten.

White Savior Komplex

Wenn du gekommen bist, um mir zu helfen, verschwendest du deine Zeit. Aber wenn du gekommen bist, weil deine Befreiung mit meiner verbunden ist, dann lass uns zusammenarbeiten.
*Aborigine-Aktivist*innengruppe, Queensland, 1970er-Jahre*

Wenn sich Eurozentrismus mit dem Gebot der Nächstenliebe paart, sind wir schnell beim Thema White Saviorism (*weiße* oder westliche Retter*innenschaft). In der Idee des globalen Westens, der Welt zu helfen, steckt so viel mehr Kolonialismus, als wir uns meist überhaupt bewusst sind. White Saviorism etablierte sich vor allem in der Kolonialzeit und hält sich bis heute am allerstärksten in unseren Kirchen, weil dieses Narrativ so eng verknüpft wurde mit dem Grundgedanken von Nächstenliebe in der Bibel. So hat auch das »Geben« eine lange Tradition in unseren Kirchen: Der Aufruf zur Abgabe des sogenannten Zehnten aus dem Ersten Testament oder der Ablasshandel im Mittelalter. Natürlich wissen wir, dass wir uns dadurch nicht das Himmelreich erkaufen, aber es gehört schon irgendwie dazu, etwas zu geben, um sich besser zu fühlen. Es ist unglaublich schwer, all das aus uns rauszubekommen. Ich selbst merke immer wieder in der Arbeit einer internationalen Gemeinschaft von Kirchen, wie oft ich in diese Falle tappe. Die Coronakrise trug zudem noch dazu bei, dass sich unser westlich geprägtes Helfer*innensyndrom weiter verfestigt hat, weil gleichzeitig durch die Krise brutal zum Vorschein kam, wer in dieser Welt wirtschaftlich und gesundheitlich privilegiert lebt und wer eben nicht. Natürlich haben wir Verantwortung für all das zu tragen, unser Luxus besteht schließlich auf Kosten des globalen Südens, aber die Frage sollte sein, wie wir Verantwortung übernehmen können, ohne koloniales Denken fortzuführen.

Fangen wir aber mal von vorn an. Was bedeutet eigentlich White Saviorism? Wo liegt das Problem?

Teju Cole prägte den Begriff »White Savior Complex« und beschreibt damit ein Phänomen, nach dem Menschen aus dem globalen Norden »etwas zurückgeben« oder »Gutes tun wollen« durch Entwicklungs-, Aufklärung- oder Hilfsarbeit und dadurch gleich neue Machtgefälle aufmachen oder alte Zuschreibungen bestärken. Dabei werden Verantwortungen übernommen und Fähigkeiten zugeschrieben, die meist gar nicht wirklich bestehen und dazu führen, dass Menschen des globalen Südens infantilisiert und/oder abhängig gemacht werden. Bewusst oder unbewusst wird die Überlegenheit der *weißen* und die Unterlegenheit der Schwarzen reproduziert. Die meist ethisch-moralisch guten Absichten stehen zwar im Fokus, sind allerdings oft nur gut gemeint und nicht gut gemacht. Das Problem besteht vor allem dann, wenn die historisch verankerte und komplexe Problematik von *weißer* Dominanz und Vorherrschaft ausgeklammert wird. Das führt meistens dazu, dass die über Jahrhunderte alten Machtstrukturen und Ungleichheiten nicht nur aufrechterhalten, sondern auch verstärkt werden.[88]

Wie ich bereits aus meiner eigenen Biografie berichtet habe, beschäftigte ich mich vor allem selbstkritisch mit diesem Phänomen in meinem Freiwilligenjahr nach dem Abitur. Auch ich ging mit einem sehr ausgeprägten Helfer*innensyndrom nach Tansania. Ich bin zwar PoC, aber eben nicht frei davon. Daher finde ich generell den weniger verbreiteten Begriff »Western Saviorism« auch stimmiger, weil es viel mehr das Kernproblem des Eurozentrismus in den Fokus nimmt. Bis heute bewerben sich junge Menschen bei uns mit der Motivation zu helfen. Es gibt Organisationen, die dieses »Helfen-Wollen« als Vermark-

88 https://brueckenwind.org/bildungsarbeit/white-savior-complex-2/, Zugriff: 15.09.2021

tung entdeckt haben und auch noch wirtschaftlichen Profit daraus schlagen. Es funktioniert leider und hat erschreckende Auswirkungen. Junge unausgebildete Menschen bekommen im globalen Süden machtvolle Positionen im Bildungs- oder Gesundheitsbereich und können ihren Aufgaben im Prinzip gar nicht gerecht werden und im schlimmsten Fall großen Schaden anrichten. *Weiß*-Sein scheint ein Code für Professionalität zu sein. Umgekehrt würde diese Logik gar nicht funktionieren. Niemals würden wir junge unausgebildete Menschen aus dem globalen Süden mit einer Schulklasse alleine lassen oder sich im OP ausprobieren lassen. Aber genau das geschieht häufig im globalen Süden mit u. a. deutschen Freiwilligen. Mir wurde, Gott sei Dank, schon damals schnell diese überhebliche Vorstellung der Retterin in meinem Freiwilligendienst ausgetrieben. In Seminaren reflektierten wir unsere Rolle und dadurch, dass es auch Freiwillige aus Asien und Afrika gab, die nach Deutschland gingen, war es von vornherein nie eindimensional, sondern ein echter Austausch junger Menschen, die eben Praktika in unterschiedlichen Kontexten machten, und vor allem dort waren, um zu lernen. Diese Erfahrung prägte mich, und dadurch wurde dieses Jahr für mich sehr entscheidend dafür, wie ich bis heute die Welt, mich und letztendlich auch Gott sehe.

Dennoch bleibt der White-Savior-Komplex eine Herausforderung für uns in den Kirchen. Dieser Komplex geht ja weit über Freiwilligendienste hinaus.

- Beobachte das mal: Welche Bilder werden vermittelt in Fürbitten, Kollektenansagen, Spendenplakaten, der Arbeit mit Menschen mit Fluchterfahrung, auf Fair-Trade-Produkten, in der Verkündigung?
- Schau dir auch außerhalb der Kirchen an, was du in den Suchmaschinen oder unter Hashtags für Bilder findest, wenn du »Afrika« eingibst.

Du siehst sandige Steppen, wilde Tiere und bedürftige Kinder: alte koloniale Bilder halt, die uns dazu ermutigen, entweder eine Safari zu machen oder zu helfen. Genau dasselbe passiert in großen Hollywood-Filmen. Auch dort begegnen uns *weiße* Retter*innen, die den »armen Schwarzen« helfen: Sandra Bullock in *The blind side*, Leonardo DiCaprio in *Blood Diamond*, Brad Pitt in *12 Years a Slave* oder Michelle Pfeiffer in *Dangerous Minds*. Identifizieren sollen sich die Zuschauer*innen mit den *weißen* Protagonist*innen, wohingegen die People of Color zum hilfsbedürftigen Objekt gemacht werden. Das verkauft sich gut. Ob es diese Filme, Spendenkampagnen oder Freiwilligendienste sind, die diese Narrative bedienen – das Geschäft funktioniert. Ein Fundraising-Berater hat uns in der *VEM* sogar mal davor gewarnt, dass unser Spendenaufkommen enorm einbrechen würde, wenn wir nur noch Schwarze Menschen in Würde zeigten. Tun wir trotzdem, können wir uns aber auch nur erlauben, weil unser Haushalt lediglich zu einem Drittel von Spenden abhängig ist.[89] Bei vielen anderen Organisationen sieht das anders aus, sie haben diese Freiheit nicht. Die überlegene Fehlinterpretation der guten Samariter*innen und der Jünger*innen, die Jesus dazu beruft, in die Welt zu ziehen, stecken viel tiefer in uns, als die reflektierte, selbstkritisch postkoloniale Sicht. Viele Mitarbeiter*innen der Kirche und der Diakonie haben diesen Antrieb des Helfens ja auch vor Ort in sich, und es war vielleicht auch eine Motivation für die Berufswahl. Es ist ja auch nicht per se schlecht, bis zu einem gewissen Punkt sicherlich gut. Ein gutes Beispiel ist das Bündnis *United4Rescue*. Es unterstützt die zivile Seenotrettung und verbindet gesellschaftliche Organisationen und Gruppen, die über Spenden Rettungsorganisationen unterstützen, welche vor Ort humanitär handeln. Niemand führt sich dort als *weiße*r* Retter*in auf, sondern es wird ziemlich schnell klar, dass es eine Selbstverständlichkeit ist, sich dort zu engagieren, wo unsere Politik versagt. Es wird eben nur problematisch, wenn wir uns selbst erhöhen und die

---

89 Pauler, Timo: https://rassismusundkirche.de/allgemein/white-saviorism-teil-3/, Zugriff: 15.09.2021

eigene Selbstwirksamkeit dafür zum Zweck wird oder wenn wir übergriffig werden und zu wissen meinen, was für andere gut ist, ohne sie selbst als kompetent wahrzunehmen. Diskriminierung macht immer jemanden zum Opfer. Menschen stellen sich nach oben. Das kann auch, wie hier, gut gemeint passieren, aber schützt nicht vor einem Machtgefälle. Es benötigt einen Blick dafür, das Urteil der anderen höher zu stellen und erst einmal sich selbst zurückzunehmen. Wenn das alles in bester Absicht und aus dem Glauben heraus geschieht, ist es schwer einzusehen, dass es dennoch verletzend sein kann und nicht nachhaltig ist. Daher müssen wir zuallererst unsere Haltung hinterfragen und ändern. Natürlich auch die Bilder, die wir reproduzieren, aber wenn wir es bei den Bildern belassen würden, wäre das nur eine kosmetische Veränderung, die den Kern nicht anrührt. Stell dir doch mal vor, du wärst in einer schlimmen Lage und würdest Hilfe brauchen, und jemand käme daher, machte unwürdige Fotos von dir, würde intime Dinge über deine Not teilen und es damit rechtfertigen, dass Menschen erst dadurch motiviert würden, dir zu helfen. Würdest du dich nicht wohler fühlen, jemand würde dir helfen, weil er oder sie es als ihre Verantwortung sieht, das jetzt einfach zu tun? Mir hilft es, die Dinge mal kurz umgekehrt zu betrachten, um zu schauen, wie eine stimmige Hilfe aussehen könnte.

Der tansanische Bischof Josiah Kibira hat bereits 1991 gesagt: »Jetzt sind wir Partner. Das bedeutet: Wir alle nehmen und geben gleichzeitig. Es gibt keine Kirche, die nichts zu geben hat, so klein sie auch sein mag. Es gibt keine Kirche, die nichts braucht, so reich und groß sie auch sein mag. Wir brauchen einander.« Solche Aussagen müssen wir ernst nehmen und nicht mit unserer Perspektive relativieren. Als es im Sommer 2021 zu großen Überschwemmungen vor allem in NRW kam, spendeten unsere Mitgliedskirchen aus Asien und Afrika mehr als 40.000 Euro für die Opfer der Flutkatastrophe in Deutschland. Wenn wir normalerweise Pressemitteilungen rausschicken, erscheinen Artikel in den uns nahestehenden Medien.

Diese Nachricht ging durch die Decke. Die 20-Uhr-Nachrichten des WDR und das Katapult-Magazin nahmen es auf, und Menschen waren begeistert und irritiert zugleich. Es passte nicht ins Bild und in die Erwartungen. Fidon Mwombeki berichtete, wie er in Deutschland bei Besuchen nur die »schlechten« Seiten fotografiert habe: Bettler*innen, betrunkene Obdachlose an Bahnhöfen, Suppenküchen, verfallene Straßen und verlassene Gebäude. Seine Gastgeber*innen fühlten sich damit unwohl, weil sie nicht wollten, dass ihr Land so repräsentiert wird.[90] Kirchen und Menschen aus dem globalen Süden irritieren unsere Norm und hinterfragen unsere Denkmuster. Das ist gut so, weil wir manche Dinge gar nicht sehen können, und diese Perspektiven für Veränderung brauchen. Dieser Emanzipation wird einerseits mit Faszination entgegengetreten und andererseits mit Skepsis. Wenn irgendwann niemand mehr unsere Hilfe braucht, kann das auch existenziell bedrohlich auf die Kirche wirken, solange sie ihre Existenz so stark mit der Helfer*innen-Mentalität verknüpft. Hinterher stellt noch jemand die kirchliche Daseinsberechtigung infrage?! Davon müssen wir uns auf jeden Fall befreien – wir haben in der Kirchen nämlich auch unabhängig vom Helfen eine große Daseinsberechtigung, würde ich sagen. Mir fallen da zumindest noch ein paar Dinge ein. Die Zeit der *weißen* Retter*innen sollte allerdings vorbei sein. »Überwinde das Böse mit Gutem«, heißt es im Römerbrief – das sollten wir natürlich weiterhin tun, aber wir sollten das »Gute« gut prüfen. So können dann Befreiung, Verbundenheit und Zusammenarbeit so aussehen, wie es das Zitat der Aborgini-Aktivist*innengruppe zum Beginn des Abschnittes aussagt.

90 https://www.missionsakademie.de/files/tima_18_web.pdf, Zugriff: 15.09.2021

Die Verwobenheit kolonialer Strukturen mit ökonomischem Marketing und dem White-Savior-Komplex gipfelt in der Vergabe von Kinderpatenschaften. Ich kenne so viele Menschen, Kindergottesdienstgruppen und andere kirchliche Kreise, die »ihr« Patenkind in Afrika haben.

- Vielleicht hast du selbst ein Patenkind im globalen Süden oder kennst Menschen, die eins haben?

Wenn es nicht so schädlich wäre, wäre es unglaublich faszinierend, wie mit unserem Eurozentrismus gepaart mit unserem Glauben gespielt wird, um uns zu regelmäßigen Spenden zu bewegen. Es ist ein Paradebeispiel dafür, dass es vor allem darum geht, dass wir uns gut fühlen, und völlig darüber hinweg gesehen wird, was »die anderen« wirklich brauchen. Unsere Sozialisation, Schwarz-Sein mit Hilfsbedürftigkeit zu verknüpfen und *Weiß*-Sein mit den Helfenden zu verbinden, greift hier in einer Wucht wie kaum woanders. Daran wird so schön sichtbar, dass der White-Savior-Komplex uns genauso subtil eingepflanzt wurde wie das gesamte rassistische Denken: unbewusst und unscheinbar, aber dennoch brutal gefährlich. Die europäische gute Absicht dahinter ist letztendlich alles andere als gut.

Drehen wir zur besseren Vorstellung den Spieß um: Stell dir vor, du hast drei Geschwister, deine Familie und du, ihr lebt in Armut. Ihr könnt alle nicht zur Schule gehen, und plötzlich bekommt deine kleine Schwester eine Patenfamilie aus Deutschland. Sie kann von nun an zur Schule gehen, erhält Bücher, Kleidung und eine Perspektive. Einmal im Jahr soll sie ein Bild malen als Dankeschön. Deine Eltern sind hin- und hergerissen, weil sie all das, was deine kleine Schwester bekommt, euch anderen Geschwistern auch gern ermöglichen würden. Geht aber nicht. Ihr habt keine Patenfamilie abbekommen und spielt weiter mit den Kindern aus der Nachbarschaft, während deine Schwester zur Schule geht. Irgendwie scheint deine Schwester nun zwar privilegierter, aber auch einsam zu sein, denn sie wird herausgerissen aus eurem bisherigen Leben. Sie spielt nicht mehr mit den Kindern aus der Nachbarschaft und ist aus der Clique gefallen. Ihr spekuliert, ob sich deine Schwester nun für etwas Besseres hält, und irgendwie scheint euer Verhältnis nun auch nicht mehr so entspannt wie früher. Du fragst dich, ob du nicht gut genug warst, um auch eine Patenfamilie zu bekommen, und sie fragt sich, wie sie nun mit der Verantwortung umgehen soll.

Scheint dieses Szenario nun fair? Klar, jetzt kannst du sagen: Wenigstens der einen wird geholfen, und sie kommt da raus. Aber kommt sie wirklich raus? Klingt das nachhaltig? Wäre eine Schule für alle nicht irgendwie gerechter und nachhaltiger? Wurden die Eltern eigentlich gefragt, was für sie als Familie am besten wäre? Wissen sie das nicht selbst am besten? Es wird häufig völlig darüber hinweggegangen, was die Menschen zu brauchen meinen. Im Fokus steht nämlich das *weiße* Interesse: die Spender*innen binden. Es ist ein Geschäft und Objekt sind die Hilfsbedürftigen. Subjekt sind die Europäer*innen, die sich gut fühlen und »etwas tun wollen«. Das, was man tut, will aber auch geprüft werden. Wir wollen schön unter Kontrolle haben, dass unser Geld auch ganz sicher ankommt. Das Gefühl wird uns vermittelt, dass jeder Cent ankommt, weil wir das ja sehen an dem Dankesbild und den Fotos in Schuluniform. Dass es auch Geld braucht, um den Verwaltungsapparat dahinter zu finanzieren, rückt in den Hintergrund. Dabei ist die eigenverantwortliche Projektförderung von Menschen vor Ort nicht nur nachhaltiger, sondern benötigt auch viel weniger Verwaltung als individuelle Kinderpatenschaften. Die Dankesbriefe und Gut-Fühl-Momente für *weiße* Pat*innen müssen schließlich auch bearbeitet werden. Das ist nicht umsonst, sondern kostet Geld. Also ganz ehrlich, dieses Geld wäre doch besser dort eingesetzt, wo es wirklich gebraucht wird! Wir sehen nur das, was wir sehen wollen, und schaffen dadurch neue Abhängigkeiten bzw. halten alte, durch das Kolonialsystem entstandene Abhängigkeiten aufrecht und verändern langfristig rein gar nichts an wirtschaftlicher Ungerechtigkeit in dieser Welt. Es ist daher zum einen extrem paternalistisch und bevormundend und zum anderen schlichtweg nicht nachhaltig. Aber es funktioniert so gut, weil wir in unserer eurozentrischen White/Western-Savior-Perspektive befriedigt werden.

Such dir also lieber stattdessen Organisationen, denen es nicht darum geht, die *weißen* Retter*innen in den Fokus zu nehmen, sondern Verantwortung an Menschen vor Ort abzugeben, die wirklich wissen, was gebraucht wird, und selbst Expert*innen und damit die Held*innen der Geschichten sind. Die Zeit der *weißen* Retter*innen ist vorbei. Europäer*innen haben lang genug definiert, was gut für den Rest der Welt ist, und andere bevormundet. Achte außerdem darauf, dass transparent wird, dass Verwaltung auch Geld kostet. Lass dich nicht für dumm verkaufen. »Jeder Cent kommt an« ist Unfug. Dieser Satz spielt letztendlich nur mit deinem Eurozentrismus, der dir sagt: »Wenn du schon etwas abgibst, dann behalte die Kontrolle und sorge dafür, dass dein Geld gut eingesetzt wird!« Kontrolle abzugeben und Menschen zu vertrauen, die selbst über ihr Leben bestimmen können – das sollte immer im Fokus stehen, wenn du wirklich helfen willst.

Zerbrechlichkeit

Es ist mir wichtig, am Anfang dieses Kapitels zu betonen, dass wir hier über echte Gefühle sprechen. Die einen profitieren vom rassistischen System und die anderen sind durch dieses System benachteiligt. Beide haben sich jedoch nicht ausgesucht, Teil dieses Systems zu sein und sind auf eine ganz unterschiedliche Art verletzt. Das System will, dass wir von »Seiten« sprechen und es will uns voneinander trennen. Gerade deshalb sollten wir uns mit diesen echten Gefühlen beschäftigen, um uns nicht trennen zu lassen. Vielleicht beobachtest du aber auch, wie schnell Trennung passiert, wenn du mit Menschen, die dir von ihrer Einstellung eigentlich nah sind, über Rassismus sprichst und ihr euch hinterher gar nicht erklären könnt, wie dieses Gespräch so eskalieren konnte. Ich kenne das gut – vor allem mit meinem *weißen* Ehemann. Wir kennen uns schon seitdem wir Teenager waren und wurden mit ca. zwanzig Jahren ein Paar. Das war noch bevor ich Worte für Rassismus hatte. Wir waren beide stark engagiert in der Jugendarbeit. In unserer Jugendgemeinde war es uns beiden immer ein großes Anliegen, alle willkommen zu heißen. Wir träumten davon, dass die Jugendgemeinde gerade für die Menschen ein Zuhause werden sollte, die sich nirgends Zuhause fühlten. Das waren People of Color, aber auch all diejenigen, die in der gutbürgerlichen Kirche keinen Platz fanden. Das taten wir beide gleichermaßen in dem tiefen Glauben daran, dass Gott sich so eine Kirche wünscht und Jesus uns dies vorgelebt hat, indem er auch zu den Menschen ging, die am Rande der Gesellschaft standen. Die besondere Situation, dass wir eine Jugendgemeinde leiteten und damit einen Gegenpol setzten zur sonst so staubig veralteten Kirche, verstärkte die Überzeugung, dass wir definitiv zu den Guten gehörten. Und dann kam irgendwann die Auseinandersetzung mit dem Thema Rassismus mehr und mehr in unser beider Leben. Ich fing an, Worte zu finden und mich durch die gemeinsamen Erfahrungen mit anderen nicht länger allein zu fühlen. Mein Mann, Sdenek, fing an, sich angegriffen zu fühlen, weil die Machtverhältnisse der Welt offen gelegt wurden, von denen er profitieren sollte und ich nicht, obwohl wir uns doch zuvor als Team gegen die Ungerechtigkeit verstanden hatten. Die knallharte Konfrontation mit den Systemen des Patriarchats und Rassismus' sollten uns nun enorm herausfordern. Beide hatten wir uns unsere Rollen nicht ausgesucht in dieser Welt und beide waren wir uns unserer Rollen überhaupt nicht bewusst gewesen, als wir uns ineinander verliebten. Die Auseinandersetzungen fordern uns bis heute heraus und unsere Diskussionen verlaufen selbst nach Jahren immer noch nicht so, dass ich sie in einem Video als Best-Practice-Beispiel veröffentlichen wollen würde, aber wir lieben uns, versuchen einander nichts zu unterstellen, was nicht da ist, wollen aufeinander hören und lernen dadurch richtig viel voneinander. Wir versuchen immer wieder, keine absoluten Meinungen zu äußern und einander Raum zum Denken zu geben. Wir scheitern aber auch oft genug noch daran und unsere Gespräche enden im unbequemen Schlagabtausch, sodass selbst unsere fünfjährige Tochter diese Gespräche mittlerweile ankommen sieht und uns schon rechtzeitig warnte mit den Worten: »Oh nein, gleich streitet ihr wieder über Rassismus!« Einfach ist das überhaupt nicht. Gleichzeitig ist es in unserer Gesellschaft zudem tabuisiert. Nach außen hin gelten wir nämlich als Beweis dafür, dass Rassismus überwunden werden kann. Das ist natürlich Unsinn, denn das würde auch bedeuten, dass jede heterosexuelle Beziehung ein Beweis dafür ist, dass das Patriarchat überwunden ist. So einfach ist das leider nicht. Das zeigen mir auch viele Nachrichten, die ich über Instagram von Frauen erhalte, die mir anvertrauen, dass sie verzweifelt sind über die ständigen Streitereien mit ihren männlichen Partnern über Rassismus und Feminismus. Ähnliches erlebe ich in der Gemeinde. Auch dort verfestigen sich die Lager und die, die früher noch fröhlich miteinander Musik gemacht haben, lassen sich heute durch diese Themen spalten. All diese

Beispiele zeigen mir umso mehr, dass kirchliche Antirassismusarbeit auch eine seelsorgerliche Aufgabe ist und wir diese Gespräche führen müssen, um daran zu wachsen und zu lernen. Schon Paulus warnte vor Spaltung. Selbst in den ersten Gemeinden kamen vielfältige Menschen mit unterschiedlichen Einstellungen zusammen. Es scheint in den Paulusbriefen im Zweiten Testament aber niemals eine Option zu sein, Gemeinden zu trennen, sondern das Ziel ist es, gemeinsam Kirche für alle zu sein und sich nicht spalten zu lassen. Schon in den Briefen wird deutlich, dass das bereits vor 2000 Jahren kein Sonntagsspaziergang war.

Wir haben alle gelernt, dass es reicht, nicht rassistisch zu sein, während die Sonne des Rassismus uns alle beschien und uns prägte, ohne dass wir es merkten. Die schmerzhaften Erfahrungen sind so unterschiedlich in ihrer Kategorie. People of Color haben schon immer gespürt, wie grausam die Auswirkungen von Rassismus sind. *Weiße* Menschen hingegen fehlt diese Erfahrung. Rassismus lebt davon, dass er für *weiße* Menschen zunächst unsichtbar ist. Das ist übrigens die Strategie aller Unterdrückungssysteme. Gerade deshalb sollten wir uns dadurch nicht gegeneinander ausspielen lassen. *Weiße* Menschen müssen diese Perspektiven und Lebensrealitäten durch Theoriewissen erlernen. Wir brauchen einander, um überhaupt Veränderung möglich zu machen. Daher müssen wir auf eine andere Ebene kommen, näher beieinander sein und weg davon kommen, dass wir uns beschuldigen.

In unseren Antirassismus-Seminaren vergegenwärtigen wir uns daher zu Beginn immer ein paar Dinge und Gesprächsregeln. Damit versuchen wir dem entgegenzuwirken, dass wir uns voneinander entfernen.

1. Es gibt keinen Ort ohne Rassismus. Rassismus betrifft uns alle. Auch heute noch.
2. Wir wollen den Dialog fördern und in demütiger Haltung Sprachfähigkeit erlernen.
3. Es wird ein Marathon und kein Sprint.

4. Die Auseinandersetzung ist für niemanden leicht und kann für alle sehr schmerzhaft sein.
5. Wir sprechen von uns selbst und repräsentieren keine Gruppe.
6. Die Gespräche sind vertraulich.

Vielleicht hilft es dir auch in deinem Umfeld einen Rahmen zu schaffen, in dem Gespräche in einer anderen Qualität möglich sind. Wenn wir uns unserer unfreiwilligen Rollen und Verletzlichkeiten bewusst werden und uns dem stellen, können wir uns wieder sehr nah sein. Unser Glaube kann uns zudem dabei helfen, heil zu werden und dadurch ein neues Miteinander zu schaffen, das Ausstrahlung haben wird. Wir leben doch in dem Bewusstsein, dass wir alle von der Gnade abhängig sind. Kann uns dieser Gedanke nicht dabei helfen, gnädiger miteinander ins Gespräch zu kommen?

Der Tatsache, dass diese Gespräche über Rassismus so schwierig sind, liegt in der Kirche allerdings noch ein anderes Problem zugrunde: ein Generationenkonflikt. Ich möchte nicht pauschalisieren und sicherlich gibt es in jeder Generation Ausnahmen, aber ich beobachte manche Dinge immer wieder. Es herrscht zum Beispiel oft ein großes Misstrauen denen gegenüber, die Kirche und kirchliche Institutionen leiten. Sie sind nun mal meistens älter. Den Jüngeren wird in Gesprächen wiederum gern vorgehalten, dass sie mit ihrer Meinung gar nicht die Mehrheit repräsentieren, sondern nur eine kleine Blase. Außerdem schwingt bei der älteren Generation häufig eine Art Verzweiflung mit, weil bereits vor 30 Jahren über Rassismus geredet wurde. Die Erkenntnisse seien nicht neu und sie stehen schon sehr lang gegen Unterdrückung und für Gleichberechtigung. Gleichzeitig kommen vielleicht Schamgefühle bezüglich der Dinge hoch, die eben nicht aus der Welt geräumt wurden und immer noch allgegenwärtig sind. Das wäre ja aber auch kein Problem, weil auch die jüngere Generation womöglich nicht alle Probleme beseitigen wird, aber es schwingt eine tabuisierte Mitschuld mit, weil die jüngere Generation Missstände unbarmherzig anspricht und die Grundlage von zum Teil 30 Jahren Arbeit infrage stellt. Alte Systeme werden kritisiert, die Unterdrückung fördern. Diese Kritik findet aber kaum Gehör, weil das Gegenüber sich überhaupt nicht gesehen und nur angegriffen fühlt. Gepaart kommt das alles daher mit einer Frustration über die Kirche, die eigentlich keinen Raum für wirklich radikale Systemveränderung bietet. Ganz konkret erfährt die junge Generation das in der Auseinandersetzung mit Kirche und Social Media, aber auch die alte Generation kennt diesen Frust der Mühlen, die sehr langsam mahlen. Da sind wir uns dann sogar einig und machen innerhalb der Kirche unsere Witze darüber, dass Kirche oft hinterher hinkt. Wir lachen kurz darüber, merken im Lachen aber eigentlich schon, dass es sich auch doof anfühlt, zu denen zu gehören, die langsamer sind als der Rest. Aber es ist, Gott sei Dank, auch nicht immer so und die Kirche hat durchaus auch Qualitäten, die dem Rest der Gesellschaft verloren gehen.

Und dennoch kommen wir oft nicht gut miteinander ins Gespräch, obwohl gerade das Zusammenspiel unterschiedlicher Generationen eine große Chance der Kirche wäre, Gesellschaft miteinander zu verändern. Für die, die kritisiert werden, fühlt sich Kritik, selbst wenn sie nicht direkt an sie gerichtet wird, unerträglich an. Wer kann damit schon gut umgehen, wenn man sich angegriffen fühlt? Durch aufkommende Emotionen kommt es häufig zu Missverständnissen. Dass die jüngere Generation vielleicht auch näher an der Zielgruppe ist, will dann auch nicht mehr gesehen werden, genauso wenig, wie die jüngere Generation nicht wertschätzend zuhört, wenn ihnen versucht wird zu erklären, wie Dinge und Sichtweisen entstanden sind. Es besteht eine Gefahr darin, dass wir uns durch kritisches Denken moralisch erhaben fühlen. Das fühlt sich allerdings für jegliche Gesprächspartner*innen nie gut an und ist es letztendlich auch nicht. Wir müssen uns daher viel mehr als Gemeinschaft verstehen, die gemeinsam gegen ein System kämpft und nicht gegeneinander. Wir sollten die Fehler der Einzelnen als Lerngewinn für alle sehen. Dazu sollten wir uns alle mehr Vertrauen entgegenbringen können. Selbst wenn viele von uns systemischen Rassismus sehen, sind wir in einer Kirche aufgewachsen und in einem Land, in dem wir gelernt haben, besser nicht drüber zu sprechen. Das müssen wir auch erst gemeinsam lernen. Können wir nicht eine Haltung einnehmen und es schätzen lernen, wenn Menschen Ungerechtigkeit in der Kirche ansprechen? Die Hemmschwelle, es anzusprechen, ist nämlich meistens ziemlich hoch und wir gefährden unser eigenes Image dadurch und machen uns verletzlich. Das machen wir nicht einfach nur aus Spaß am Meckern, sondern weil wir zutiefst davon überzeugt sind, dass es sich lohnt, Missstände anzusprechen. Ich überlege mir zum Beispiel sehr gut, wann ich etwas sage und wann nicht. Und glaub mir: Die Momente, in denen ich schweige, sind immer noch häufiger.

Mir hat dennoch einmal eine Leitungsperson in der Kirche gesagt, dass ich keine Karriere innerhalb der Kirche machen könne, wenn ich so viel Rassismus- und Patriarchalkritik äußere. Wahrscheinlich hatte diese Person sogar Recht. Es ist nicht erwünscht, zu viel zu meckern und anzumerken. Menschen machen Karriere, wenn sie nicht zu viel kritisieren. Ein bisschen Kritik hingegen ist immer gut, weil wir ja gemeinsam einen Gegenpol zur Gesellschaft sein wollen, aber du musst die Kirche selbst schon als die »Gute« anerkennen. Außerdem musst du in der Kirche lernen, nach welchen Regeln wir hier spielen und diese in gewisser Form fortführen, um auf der Karriereleiter hochzuklettern. Als Person of Color musst du das noch ein bisschen besser drauf haben. Als Frau auch. Die Praktiken der dominanten Gruppe innerhalb der Kirche wurden erlernt und optimiert. Diese sind nun mal geschichtlich *weiß* und männlich. Es ist sehr schwer da rauszukommen. Zudem werden gesamtgesellschaftlich die Stimmen derer lauter, die in unserer Gesellschaft marginalisiert werden: PoCs in zweiter, dritter, vierter Generation, trans* Menschen, Homosexuelle, ... Davon haben wir aufgrund unserer Vergangenheit nicht so viele in unseren Reihen. Diese Menschen wollen nun aber auch ein Stück vom Kuchen der Gesellschaft, reden mit und fordern das lauter selbstbestimmt ein als noch vor zwanzig Jahren. Es ist mit Blick auf PoCs auch zum Teil kein Wunder, dass sie jetzt lauter werden, denn ihre Eltern und Großeltern hatten mehrheitlich keinen gesicherten Aufenthaltsstatus und wurden dadurch automatisch leiser und klein gehalten. Das macht uns in der Kirche aber wieder Angst, weil (Stichwort White Saviorism) wir auch da Abhängigkeitsverhältnisse geschaffen haben, indem wir uns um die Bedürftigen sorgten und nun nicht mehr wissen, wie wir aus diesen Macht- und Abhängigkeitsverhältnissen herauskommen. Dann schauen wir Markus Lanz und Anne Will, denken an die konfliktreichen Gespräche in unseren eigenen Reihen und sind total überfordert, weil »was darf denn nun überhaupt noch gesagt werden?« Aber auch das geben wir nur sehr ungern zu. In meiner Gemeinde gibt es zum Beispiel ein ziemlich offensichtliches Frauenproblem. Das hat vor allem mit der Geschichte zu tun und es ist, meiner Meinung nach, auch nicht schlimm, es anzusprechen, weil es nicht um Anschuldigungen geht, sondern darum, es sichtbar zu machen und dadurch etwas zu verändern. Dennoch wird es als äußerst problematisch angesehen, öffentlich darüber zu reden. Es könnte ja den Anschein erwecken, dass die Leitung Dinge nicht unter Kontrolle hat und gescheitert ist. Dass eben dadurch verhindert wird, dieses Problem anzugehen, wird zweitrangig. Zum einen sollte »Scheitern« nicht so negativ konnotiert sein, gerade unter uns Christ*innen, die wissen, dass wir doch alle auf Gottes Gnade angewiesen sind. Zum anderen können wir einen Mangel nur beheben, wenn wir ihn offenlegen, und zwar auf sämtlichen Ebenen. Dazu müssen wir davon wegkommen, uns gegenseitig das Schlechte zu unterstellen, und akzeptieren, dass wir gemeinsam das Problem angehen wollen. Das ist leider einfacher gesagt als getan.

Unterschiedliche Menschen mit ihren unterschiedlichen Diskriminierungserfahrungen, aus unterschiedlichen Generationen, auf verschiedenen Hierarchieebenen müssen in der Lage sein, miteinander zu sprechen. Ältere Menschen verfügen über wertvolles Wissen und Erfahrungen. Jüngere sehen alte Probleme mit anderen Augen. *Weiße* Menschen wissen von sich selbst, wie wir in einer mehrheitlich *weißen* Gesellschaft Rassismus ansprechen können, ohne Menschen voreilig vor den Kopf zu stoßen, People of Color bringen wichtige Perspektiven und ihre Rassismuserfahrungen mit, von denen wir lernen können, sensibler zu werden. Alle Perspektiven sind notwendig! Der Schlüssel liegt darin, sich gegenseitig nicht abzuwerten, sondern zuzuhören, einfühlsam zu sein und scheitern zu dürfen. Das kann nur dadurch entstehen, dass Vertrauen aufgebaut wird. Und Vertrauen entsteht, wenn man die Wahrheit sagt.[91] Eigentlich ganz einfach ... und doch so schwer. Unsere Kirche wird vielleicht nicht so radikal sein, wie es sich manche wünschen, und es wird sich auch nicht von heute auf morgen augenscheinlich vieles ändern, aber wir haben auch ganz schön viel im Gepäck und kommen so gemeinsam langsam voran.

Von Abwehrmechanismen und gescheiterten Dialogen

Sämtliche Antirassismus-Formate und Bildungsangebote, die ich gemeinsam mit meinen Kolleg*innen anbiete, werden von mehrheitlich *weißen* Menschen besucht. In den allermeisten Fällen sind wir Referent*innen und vielleicht noch eine weitere Person im Raum Menschen of Color – die anderen sind *weiß*. Wir tauschen uns über eurozentrische *weiße* Prägung aus, stellen geschichtliche Zusammenhänge dar und geben Einblick in unsere Beobachtungen über Rassismus in der Kirche. Die meis-

91 Dax-Devlon Ross: Generational differences in racial equity work, https://nonprofitquarterly.org/generational-differences-in-racial-equity-work/, Zugriff: 08.07.2021

ten Menschen nicken höflich, sind schockiert, zeigen Betroffenheit, sind oft auch sprachlos, weil sie das Gehörte erst einmal sacken lassen müssen. Es sind aber eigentlich immer auch Menschen dabei, die ihren Emotionen und Abwehrhaltungen freien Lauf lassen. Ich finde das gut und ermutige zu Beginn auch immer dazu, weil ich glaube, dass auch diese verständlichen Reaktionen Raum haben sollten. Sie sind völlig ok, solange sie konstruktiv und nicht beleidigend geäußert werden. Schließlich kommen wir zum gemeinsamen Lernen zusammen, und es hilft ja niemandem, wenn wir dabei Sprechverbote erteilen. Wir trainieren dadurch Dialogfähigkeit.

In einer Veranstaltung ist ein *weißer* Pfarrer, Mitte 40, regelrecht zusammengebrochen, weil seine Scham über seine Prägung, Sozialisation und auch seine Reproduktion von Rassismus ihn in dem Moment völlig überrollt hatte. Ein anderer *weißer* Pfarrer, Mitte 50, hatte mal ziemlich aggressiv reagiert und wütend mit dem Fuß auf dem Boden gestampft, war danach während der Seminarzeit aufgestanden, hin und her gelaufen, weil er von seinen Emotionen völlig überfordert war und sich mit all seinen Einstellungen total in die Ecke gedrängt fühlte. Er verbalisierte seine Gedanken in unvollständigen Sätzen und wiederholte, dass er doch schon immer mit Respekt allen Menschen begegnet sei. Schließlich schaute er irgendwann seine PoC-Kollegin an und kam zu dem Schluss: »Und das klingt jetzt vielleicht hart, aber letztendlich ist Rassismus auch nun mal nicht mein Problem.« Wie kann die Auseinandersetzung mit Rassismus dazu führen, dass ein erwachsener Mann, der noch dazu Pfarrer und seelsorgerliches Arbeiten gewöhnt ist, so sehr die Kontrolle verliert? Warum merkte er nicht, wie verletzend das war, was er gesagt hatte?

Eine Pfarrerin beteiligte sich einmal in einem längeren Seminar rege und sehr selbstreflektiert und gefasst an sämtlichen Diskussion. Sie hatte sich bereits vorbereitet und ein oder zwei Bücher zum Thema gelesen und erklärte gern auch den anderen Seminar-Teilnehmer*innen rassistische Muster. Am Ende eines langen Tages wollte sie dann vor allen meine zu Beginn vorgestellte Definition doch gern noch korrigieren und sagte: »Bei der Definition fehlt mir noch als Ergänzung, dass bei Rassismus immer auch eine Absicht dazugehört. Für mich kann ich das definitiv so bestätigen, dass es sich nur um Rassismus handelt, wenn ich das bewusst tue.« Ich habe wirklich lange darüber nachgedacht, weil sie mit diesem Satz alles zunichte gemacht hatte, was wir an dem Tag erarbeitet hatten. Nachdem wir uns mit der Erfindung der Menschenrassen und den subtilen Formen des Rassismus beschäftigten und ihre Beiträge so reflektiert klangen, konnte sie es doch jetzt nicht wirklich ernst meinen, was sie gesagt hatte?! Hatte sie mir nur halb zugehört? Sie hatte doch zudem »Exit racism« von Tupoka Ogette gelesen. Dort wird doch alles entfaltet. Sie hatte das Wissen dieses Buches ja sogar im Seminar wiedergegeben. Wie konnte es sein, dass sie sich nach all dem außerhalb des Systems betrachtete, und das noch einmal vor allen äußern musste?

Wir sprachen von kognitiver Dissonanz. Diese Reaktionen zeigen mir, was passiert, wenn man von klein auf in dem Wissen geprägt wurde, dass Rassismus seit 1945 kein Problem mehr der Mehrheitsgesellschaft ist und nur Nazis Rassist*innen sind, das eigene *Weiß*-Sein nie benannt wurde, weil es als unangefochtene Norm feststand, und man zudem lernte, zu den Guten zu gehören und Rassismus niemals als globales geschichtlich herangewachsenes System betrachtete, das uns alle betrifft. Und nun beginnen seit dem Mord an George Floyd immer mehr Menschen, das Bisherige infrage zu stellen. Das ist ungewohnt, schmerzlich und führt zu Abwehr, die außer Kontrolle geraten kann.

Astrid Messerschmidt beschreibt vier Distanzierungsstrategien im Umgang mit Rassismus: 1.) die Skandalisierung, 2.) die

Verlagerung in den Rechtsextremismus, 3.) Kulturalisierung und 4.) die Verschiebung in die Vergangenheit.[92]

Die vier Strategien begegnen mir ständig. Das Thema wird als Skandal wahrgenommen und damit weit fortgeschoben. Man verlagert die Diskussion dahingehend, dass man sich empört darüber, dass ein Rassismus-Vorwurf im Raum steht, und führt damit eine Täter-Opfer-Umkehr durch. Es geht dann nicht mehr um die Gefühle der Person, die Opfer von Rassismus wurde, sondern um die Person, die des Rassismus beschuldigt wird. Ihre Gefühle stehen im Zentrum. Außerdem wird mir nicht selten vorgehalten, dass ich Rassismus mit den falschen Leute thematisiere, und es wesentlich effektiver wäre, mit wirklich rechtsradikalen Menschen zu sprechen. Zum einen denke ich, dass diese Menschen sich nicht mit mir über Rassismus unterhalten und etwas lernen wollen, und zum anderen merke ich doch tagtäglich, dass alle anderen auch noch genug zu lernen haben. Ich nehme mich da selbst nicht aus. Letztendlich kommt dieser Vorwurf aber auch daher, dass man sich selbst doch außerhalb des Systems betrachtet oder lieber mit dem Finger auf andere zeigt, die noch schlimmer sind, als man selbst ist, um von sich abzulenken. Wenn wir uns erst einmal mit all den anderen antirassistisch auf den Weg machen würden, wären schon große Schritte getan.

Robin DiAngelo hat den Begriff »White fragility« *(weiße* Zerbrechlichkeit) geprägt. In ihrer Bildungsarbeit hat die *weiße* US-Amerikanerin ähnliche Verhaltensmuster festgestellt, wie ich sie eben geschildert habe. Daher forschte sie genau über diese Zerbrechlichkeit und beobachtete unterschiedliche Phasen, die *weiße* Menschen in der Auseinandersetzung mit Rassismus durchlaufen. Paul Gilroy befasste sich ebenfalls mit der Thematik und fasste diese Phasen in konkrete Verteidigungs-

92 Mohseni, Maryam: Empowerment-Workshops für Menschen mit Rassismuserfahrungen, S. 194

mechanismen zusammen, die sich ständig im Leben wiederholen können und nicht als einmal durchlaufene Abfolge betrachtet werden können: Eine Phase der Abwehr, weil *weiße* Menschen sich bloßgestellt, angegriffen oder verurteilt fühlen. Daraus resultiert Leugnung, weil man es nicht wahrhaben will, so lange so anders gedacht, geglaubt und gehandelt zu haben. Darauf folgen Schuld und Schamgefühle, weil man Stück für Stück erkennt, wo man tatsächlich selbst Anteile an sich und im eigenen Denken hat, die einem überhaupt nicht bewusst waren. Als letzte Phasen folgen Verantwortung und Wiedergutmachung. Darum sollte es letztendlich gehen und nicht darum, in den ersten immer wieder aufkommenden Phasen zu verharren. DiAngelo sagt selbst, dass sie keine Schuldgefühle empfindet, weil sie sich ihre Sozialisation nicht ausgesucht hat und nicht hätte vermeiden können. Sie sieht sich aber umso mehr für ihre heutige Rolle in der Welt verantwortlich.[93] In unseren Gesprächen sollte es daher weniger um moralische Schuldzuweisungen gehen. Schuld lähmt, und Scham verhindert Dialogfähigkeit. Es sollte uns allen um Verantwortung gehen, und mit dem Blick auf unser aller Abhängigkeit von der Gnade sind wir dazu auch in der Lage. Das müssen wir in der Kirche nur immer wieder trainieren, weil es vermutlich kein irgendwann abgeschlossener Prozess sein wird. Es wird immer wieder Trauermomente geben, in denen du dich von deinem bisherigen Weltbild, deinem Glauben und deiner Perspektive auf Gott verabschieden musst.

Um sich diese Haltung anzueignen, hilft es, sich einige Denkweisen immer wieder zu vergegenwärtigen:

1. Ob jemand gut oder böse ist, ist nicht relevant – es geht nicht darum zu moralisieren.
2. Rassismus ist ein vielschichtiges System, das in Kirche und Gesellschaft eingebettet ist.

93 DiAngelo, Robin: Wir müssen über Rassismus sprechen, S. 202

3. Wir alle werden in dieses System hineinsozialisiert; alle sind auf unterschiedliche Weise geschädigt und verbogen.
4. Es gibt keinen Ort ohne Rassismus; Rassismus lässt sich nicht vermeiden.
5. Auch ich habe meine Schwachstellen.
6. Ich muss die Erfahrungen und Rückmeldungen von Menschen of Color nicht im Detail verstehen, weil ich es sowieso nicht kann. Ich muss sie aber anerkennen.[94]

Diese Denkweisen können helfen, Abwehrhaltungen zu verringern, Verletzlichkeit anzunehmen, Komfortzonen zu verlassen und dadurch authentische Beziehungen und Vertrauen herzustellen. Ich glaube, dass das die Voraussetzungen sein müssen, um eine antirassistische Kirche zu werden. Außerdem halten das Wegschauen und deine Abwehrhaltungen dich eigentlich selbst davon ab, der Mensch zu werden, der du eigentlich sein willst: ein guter Christ, eine gute Christin, tolerant, wertschätzend, gerecht und letztendlich kein*e Rassist*in.

People of Color in einer weißen Kirche

Wir sind die, auf die wir gewartet haben.
June Jordan[95]

Als Person of Color in einer *weißen* Kirche habe ich Erfahrungen gesammelt, über die ich lange Zeit nicht zu sprechen wagte, weil es alle so gut meinten mit mir. Seit den aufkommenden *Black-Lives-Matter*-Bewegungen in Deutschland tauschen wir uns in monatlichen digitalen Formaten unter Menschen of Color in der Kirche über all unsere Erfahrungen aus. Wir kannten alle das Gefühl, nie so richtig dazuzugehören, und schufen uns unsere kleine Insel innerhalb der *weißen* Kirche. Am Anfang

94 Ebd. S. 194
95 Jewell: Das Buch vom Anti-Rassismus, S. 77

dachte ich mal, wir würden kirchenpolitisch aktiv werden, gemeinsam Aktionen auf die Beine stellen und richtig sichtbar werden. Dazu ist bisher allerdings wenig Raum, weil wir vor allem damit beschäftigt sind, uns gegenseitig zu ermutigen und auf all die Verletzungen zu schauen, die uns gut gemeint zugefügt wurden. Dennoch sehen wir uns nicht als Opfer, sondern als Überlebende und so viel mehr. Audre Lorde sagte: »Wir waren nie dazu bestimmt zu überleben und dennoch sind wir hier.« So hart das klingt, aber das spüren wir auch zum Teil in der Kirche. Die Kraft, die in uns steckt, wurde uns leider auch oft in der Kirche genommen. Viele Menschen of Color sind ziemlich frustriert mit der Kirche. Ich bin unsicher, wieviel davon ich dir zumuten darf. Nachdem ich über diesen Abschnitt mit einigen PoC-Geschwistern gesprochen habe, haben sie mich allerdings ermutigt, dir einiges zuzumuten, weil ihnen auch so viel zugemutet wurde und weil es wichtig ist, darüber nicht zu schweigen. Sie erinnerten mich an Hiob, der uns Vorbild darin war, unseren Frust vor Gott und der Welt zeigen zu dürfen. Wir dürfen Hadern und unseren Frust offenlegen, in der Hoffnung, dass wir die Kirche dadurch verändern werden und sich die Erfahrungen nicht wiederholen.

Es gibt natürlich schon immer auch People of Color in unserer *weißen* Kirche. Sie sind da und glauben, gestalten, predigen, schreiben, lieben und hoffen. Ihre Geschichten zu hören ist bereichernd und ein Privileg für alle. Ich versuche in diesem Abschnitt einen Einblick in unsere Lebensrealität in einer *weißen* Kirche zu geben. Bitte behalte aber dabei im Hinterkopf, dass dies auch wieder nur meine Perspektive ist und ich der Stimme aller nicht gerecht werden kann. Meine individuellen Schilderungen und Erfahrungen knüpfen allerdings auch hier an kollektive Erfahrungen an.

Die Zerbrechlichkeit *weißer* Menschen in der Auseinandersetzung mit Rassismus und daraus resultierenden Abwehrhaltungen sind echt und schmerzlich, aber durch all diese eigenen Emotionen werden die Gefühle von People of Color oft nicht gesehen. Das kann sehr gewaltvoll sein, ohne überhaupt bemerkt zu werden. Die Sorge, vor sich selbst oder sogar anderen als rassistisch entlarvt zu werden, ist so groß, dass vieles übersehen wird und echte Dekonstruktion so oft dadurch verloren geht. Es ist total schade – für alle. Genauso ist es für alle verletzend. Die Verletzungen von Menschen of Color rücken dadurch nur leider viel zu oft in den Hintergrund und werden bagatellisiert. *Weiße* Menschen können sich sogar mit Rassismus auseinandersetzen, und unbewusste Verhaltensmuster kommen dennoch impulsiv zum Vorschein. Wenn dir als Frau zum Beispiel abends auf der Straße ein Schwarzer Mann begegnet und du schneller läufst und deine Handtasche fester hältst. Die Reaktionen kennen Schwarze Männer natürlich auch. Sie schauen täglich in verängstigte Gesichter. Und es führt dazu, dass Schwarze Männer berichten, dass sie im Gottesdienst Abstand halten zu älteren Frauen, weil sie verstärkt wahrnehmen, dass diese besonders häufig Angst vor ihnen haben. Harmlose kleine Handlungen haben große Auswirkungen, die meist unsichtbar bleiben für die *weiße* Mehrheit.

Für Menschen of Color wirken diese Momente wie Mückenstiche. Wären es nur ein paar, dann wären sie auszuhalten, aber wenn dein ganzer Körper permanent mit zahlreichen Mückenstichen übersät ist, ist das ziemlich unangenehm. In der Rassismusforschung spricht man daher von Mikroaggressionen – in unterschiedlichen Abstufungen. Es gibt direkte Beleidigungen, unbewusste Handlungen, wie das Umkrallen der eigenen Handtasche, oder nett gemeinte Komplimente[96]: »Du musst aber auch noch auf das Foto für den Gemeindebrief, damit ein bisschen mehr Farbe reinkommt.« Es kann die Frage »Woher kommst du?« oder das Absprechen der eigenen Gefühle sein. »So schlimm war das doch aber jetzt auch nicht« »Das meinte er doch nett«. Das alles zeigt, dass die Deutungshoheit darüber,

96 Hasters, Alice: Was weiße Menschen nicht über Rassismus hören wollen, aber wissen sollten, S. 17

wer bestimmt, wann es sich um Rassismus handelt, viel zu oft bei *weißen* Menschen liegt.

Person of Color zu sein bedeutet, in einem ständigen Alarm-System unterwegs zu sein.[97] Überall könnte Rassismus lauern, die nächste schmerzliche Erfahrung, die mir abgesprochen wird. Der Kinderarzt, der nach der Mehrsprachigkeit fragt; die Erzieherin, die mir erklärt, wie Kinder in Deutschland erzogen werden; die Frau, die ich beim Joggen rechts überhole und die mir hinterher schreit, dass man bei uns links überholt; der Pfarrer, mit dem ich einen Gottesdienst halte und der beim gemeinsamen Einzug in die Kirche leise zu mir sagt, dass es für meine muslimischen Eltern sicherlich schwer sei, mich im Talar zu sehen. Es mag wie Zufall aussehen für Menschen, die nicht rassistisch diskriminiert werden. Ich aber bin gegen meinen Willen zur Expertin in der Interpretation solcher Situationen gemacht worden, und ich weiß: Zufall ist das nicht. Es ist Rassismus, der da spricht. Und ich bin nun jedes Mal beim Joggen konzentriert, links zu überholen und bevor ich zum Kinderarzt gehe, schlafe ich schlecht. Meine christliche Mutter lebt nicht mehr, und zu meinem muslimischen Vater habe ich keinen Kontakt, aber das hatte der Pfarrer alles nicht im Kopf, als er eine Grenze überschritt, kurz bevor ich mit ihm einen weltoffenen ökumenischen Partnerschaftsgottesdienst halten sollte. Daher entschied ich mich fürs Lächeln. Das Alarm-System ist nicht ständig bewusst in meinem Kopf, ich denke nicht permanent darüber nach, aber es begleitet mich allgegenwärtig im Stand-by-Modus und frisst dadurch auch Akku. Diese Energie steht *weißen* Menschen zur freien Verfügung, ohne dass sie davon wissen. Es geht vielen People of Color so. Wir haben dadurch weniger zeitliche, emotionale und psychische Ressourcen, um uns an Prozessen zu beteiligen oder einfach einem Hobby nachzugehen oder Energie in all die Dinge zu stecken, die das Leben

---

97 Omar, Sami: Sprache und Rassismus; https://www.youtube.com/watch?v=H-FS1Dv91eQ

sonst so bereithält. Viele People of Color müssten in der Kirche dahingehend viel mehr Entlastung bekommen, um überhaupt auch noch genug Kraft aufbringen zu können, sich gegen Rassismus zu engagieren. Ich persönlich scheine erstaunlich viel Resilienz zu haben. Ich weiß selbst manchmal nicht, wo das genau herkommt, bin aber unglaublich dankbar dafür und versuche, auf mich aufzupassen, damit das auch so bleibt. Außerdem wurden mir von meiner Arbeitgeberin Ressourcen freigestellt, ohne die ich längst nicht so aktiv gegen Rassismus stehen könnte. Diesen Segen wünsche ich meinen PoC-Geschwistern auch häufig, wenn wir uns über Erfahrungen austauschen und sie erzählen, wie oft sie wieder schweigen mussten, weil einfach keine Kraft vorhanden war. Sie würden nicht zu ihrer eigentlichen Arbeit kommen und ihr Leben bewältigt kriegen, wenn sie sich diesem Stress aussetzen würden, indem sie Rassismus ansprechen. Ich kann das verstehen. Es gibt Tage, da wünsche ich mir einen Instagram-Account, auf dem ich einfach nur Frühstücksrezepte teile und wir uns alle gemeinsam über unsere leckeren Müsli-Bowls freuen, statt über Rassismus in der Kirche zu debattieren.

All diese Erfahrungen in Summe können Menschen sogar krank machen. Die psychischen Auswirkungen von Rassismus dürfen nicht negiert werden. So kommen posttraumatische Belastungsstörungen im Schnitt häufiger bei Menschen of Color als bei *weißen* Menschen vor. Es gibt immer mehr Studien, die belegen, dass es einen Zusammenhang von Diskriminierung und gesundheitlichen Störungen gibt. Das Trauma, das durch Rassismus erzeugt werden kann, ähnelt dem Trauma, das durch narzisstischen Missbrauch entsteht, weil du dich ebenfalls ständig fragst, ob all das echt oder eingebildet ist. Menschen, die unter jahrelangen Mikroaggressionen leiden, entwickeln häufiger Herzkrankheiten. Es verwundert daher vielleicht nicht, dass sich bei der Autopsie von Martin Luther King herausstellte, dass sich sein Herz in dem Zustand eines 60-Jährigen befand, als er mit 39 Jahren starb.[98] Es ist kein Wunder, dass Menschen of Color permanentem Stress ausgesetzt sind. Schmerzliche Erfahrungen kommen meist so überraschend plötzlich und unvorhersehbar und werden dabei häufig heruntergespielt. Diese Wissens- und Empathielücke, die so oft unüberwindbar scheint, verstärkt am Ende häufig den Rassismus. Menschen fühlen sich unverstanden, haben keine Kraft, sich zu rechtfertigen, und entscheiden sich dazu, immer häufiger zu schweigen, zu lächeln und den erlebten Rassismus in der Kirche nicht anzusprechen. Keine*r lernt davon – manche verlassen die Kirche dadurch irgendwann.

Wenn *weiße* Menschen so etwas hören und lesen, fragen sie sich oft: »Und was darf ich denn nun überhaupt noch sagen?« Es besteht eine große Unsicherheit. Die Angst dahinter ist aber eigentlich nicht originär. Es ist eine erzeugte Angst, weil ich sie meist von Menschen höre, die in relativer Sicherheit leben, zum Teil verbeamtet sind, hohe Posten bekleiden, Mitspracherecht haben und in vielerlei Hinsicht sehr privilegiert sind. Wovor haben sie eigentlich Angst? Vielleicht davor, dass irgendwann wirklich alle gleich sind, denn das würde am Ende natürlich auch einen Verlust für die bedeuten, die jetzt schon alles haben. Diese Gedanken trauen sich gute Christ*innen aber nicht mal zu denken, weil es hoch moralisch aufgeladen ist, solch egoistische Gedanken zu haben. Daher wirken unsere Forderungen nach Gleichberechtigung wie Verbote, obwohl sie es gar nicht sind. Plötzlich reden wir über Freiheit, obwohl wir doch eigentlich über unsere Rechte sprechen wollten. Die Ablenkung funktioniert, mit der die Norm sich subtil selbst am Leben erhält. Diese Mechanismen passieren vermutlich größtenteils im Unbewussten, äußern sich aber unter anderem auch in hitzigen Debatten über Identitätspolitik oder über Gendergerechtigkeit. Es ist daher einfacher gesagt als getan, aber vielleicht könnten wir damit anfangen, keine Angst mehr voreinander zu haben? Im

98 Roig, Emilia: Why we matter, S. 278ff

Prinzip sind wir Menschen of Color doch meist sehr freundlich, wenn man uns mit einer gewissen Sensibilität und einer Akzeptanz unserer Gefühle entgegentritt. Manchmal denke ich, dass es doch gar nicht so schwer ist, einfach die gegenseitigen Gefühle wahr- und ernst zu nehmen. Wenn du mir meine Verletzlich- und Zerbrechlichkeit nicht absprichst und ich dasselbe bei dir tue, dann wären wir doch schon auf einem ziemlich guten Weg. Wenn du zudem noch deinen Mund gegen Rassismus aufmachst und intervenierst, wenn dir etwas auffällt – auch dann, wenn es dir Unannehmlichkeiten bereitet, wäre das großartig. Um Kirche zu verändern, hilft es nämlich nicht, nur den Verletzten Trost zuzusprechen. Es muss auch die Haltung derer hinterfragt werden, die verletzen.

Sami Omar hat einmal gesagt »Die Kirche braucht mich viel mehr als ich sie.« Das war ein unglaublich empowernder Satz für mich. Damit meinte er zum einen, dass die Kirche ihr Rassismusproblem ohne die Perspektive von Menschen of Color nicht lösen kann. Es ist unmöglich für *weiße* Menschen, manche Dinge zu sehen, weil ihnen schlichtweg die Erfahrung fehlt. Zum anderen sprechen Menschen of Color wiederum andere Menschen of Color an. Die Kirche braucht uns als Repräsentationsfiguren, die 40 Prozent der künftigen Gesellschaft einladen. Bei 40 Prozent liegt der Migrationsanteil aller Kinder unter fünf Jahren, die zwar nicht alle Kinder of Color sind, aber zumindest nahezu alle intersektionell benachteiligt und diskriminiert werden. Auch angesichts ihrer sinkenden Mitgliedszahlen sollte die Kirche sich für mehr Diversität in den eigenen Reihen einsetzen. In der Kirchen hören wir als Menschen of Color auch nicht selten, dass viel mehr Vielfalt gebraucht werde. Diese Vielfalt muss allerdings auch geschützt werden. Es ist im Prinzip absurd, dass wir uns auf unserer »Insel« selbst den Raum gaben, der uns verweigert wurde in der Kirche, die sich oft gern mit uns »bunt« schmückt. Vielleicht, weil sie es nicht mal sieht. Wie auch? Bei all der *weißen* Perspektive an der Spitze! Die Kirche sollte uns aber pro-aktiv schützen. Heilung und Empowerment sind kein

Zustand, sondern ein Prozess. Dieser Prozess ist nötig für Menschen of Color. Die Kirche hat einen Seelsorgeauftrag – auch gegenüber uns. Es ist eine Reise, die alle Menschen of Color unternehmen müssen, um sich selbst zu heilen und sich vor den verheerenden Auswirkungen des Rassismus zu schützen. Ich selbst bin dadurch mutiger geworden und fühle mich besser gewappnet, Beobachtungen und Wünsche anzusprechen. Es ist kein Kampf. Alles, was wir wollen, ist Gleichberechtigung in einer Kirche, die auf einem Glauben basiert, der von vorne bis hinten von Gerechtigkeit geprägt ist. Ein Glaube, der eine Liebe verspricht, die weit über das hinausgeht, was wir uns auch nur vorstellen können. Eine Liebe, die nicht von dieser Welt ist und uns in einer Art und Weise miteinander verbinden kann, wie wir es uns kaum zu erträumen wagen. Und ja, die Kirche braucht uns. Mehr denn je. Wir haben alle belastende Geschichten mit der Kirche erlebt, und doch sind die meisten von uns noch hier.

Ein Versuch des gemeinsamen Weges am Beispiel der Stiftung Himmelsfels

Trotz der unterschiedlichen Erfahrungen von *weißen* und Schwarzen Menschen ist es möglich, gemeinsam auf dem Weg zu sein. Das erlebe ich an vielen Stellen in meiner Arbeit und in meiner Gemeinde. Ein weiterer Ort, an dem Menschen gemeinsam auf dem Weg sind, ist der Himmelsfels. Seit über 15 Jahren kommen dort Menschen unterschiedlicher Konfessionen und Nationalitäten zusammen, leben und arbeiten gemeinsam, erleben eine besondere Gemeinschaft auf Freizeiten und reflektieren gleichzeitig die brutalen Auswirkungen von Rassismus. Ihre Erfahrungen haben sie im Juni 2020 in einem Statement zusammengefasst, das mich sehr berührt hat, weil es so ehrlich beschreibt, wie schwer es ist, als *weiße* Christ*innen und Christ*innen of Color unterwegs zu sein, und das gleichzeitig Hoffnung erweckt.

Hier sind ihre Worte für dich:

- Es gibt hier noch kein Paradies, noch keinen Ort ohne Rassismus! Wir bilden da keine Ausnahme.
- Wir befinden uns in einem langen Lern- und Befreiungsprozess, der täglich andauert.
- Einige von uns mussten lernen, ihre unverdienten Privilegien aufgrund der eigenen Herkunft oder Hautfarbe schonungslos in den Blick zu nehmen.
- Andere mussten beginnen, die alten und vergifteten Zuschreibungen der Geschichte hinter sich zu lassen. Ihr Selbstwertgefühl war lange genug davon zerstört worden.
- Wir haben alle gelernt, die eigenen Vorurteile nicht länger zu leugnen. Im Schutzraum unserer Gemeinschaft sehen wir sie aufmerksam an und decken sie auf.
- Auf langen gemeinsamen Wegen finden wir heute das Vertrauen, einander freizusetzen.
- Die Privilegierten unter uns beginnen, ihre Privilegien konsequent zu teilen. Das wahre Privileg ist unsere Gemeinschaft und das Leben, das Gott uns gibt.
- Wir verstehen uns immer noch häufig falsch, aber wir verzweifeln nicht mehr daran. Stattdessen nutzen wir solche Gelegenheiten, um einander noch näher zu kommen.
- Oft weinen wir, aber immer öfter lachen wir über unsere Vorurteile, denn von Tag zu Tag verlieren sie ihre Macht.
- Heute kommen wir einander mit Ehrerbietung zuvor (Römerbrief 12,11).
- Wir lieben die Vielfalt, doch wir üben die Einheit.[99]

99 https://himmelsfelS.de/akademie/rassismus-ueberwinden/ Zugriff: 14.09.2021

Der Blick nach vorn

Eine andere Welt ist nicht nur möglich, sie ist auf dem Weg. Vielleicht werden viele von uns nicht hier sein, um sie zu begrüßen, aber an einem ruhigen Tag, wenn ich ganz genau hinhöre, kann ich sie atmen hören.[100]
Arundhati Roy

An müden Tagen wünsche ich mir manchmal, dass ich nie angefangen hätte, mich mit Unterdrückungsmechanismen auseinanderzusetzen. Ich denke in diesen Momenten, mein Leben wäre so viel einfacher, wenn ich einfach mitspielen und lächeln würde. Das kann ich aber nicht. An hoffnungsvollen Tagen höre ich die neue Welt atmen, und das treibt mich an, nimmt mich in die Verantwortung und zaubert mir ein breites Grinsen ins Gesicht, wenn ich daran denke, wieviel Potenzial da ist.

In meiner Gemeinde gibt es Menschen, die den Teil »Ich glaube an die heilige christliche Kirche« im Glaubensbekenntnis nicht mitsprechen. Vielleicht denkst du, ich gehöre dazu? Auf keinen Fall! Ich glaube *sowas von* an eine heilige christliche Kirche! Ohne diesen Glauben könnte ich nicht jeden Morgen wieder aufstehen und meinen Beitrag zu leisten versuchen, damit dieser Glaube irgendwann mehr und mehr sichtbar wird. Daher predige und schwärme ich von Gott, der Ewigen, die die Welt verändern kann. Der alle Machtverhältnisse dieser Welt auf den Kopf gestellt hat, indem er als Kind in der Krippe zu uns kam. Die Ewige, die uns ihre Gnade in so vielen Momenten in der Bibel sichtbar werden lässt. Jesus, der auf Menschen zugegangen ist, die unterdrückt wurden. Die Heilige Geistkraft, der ich so viel zutraue, dass ich es mir selbst nicht mal vorstellen kann. Davon war ich bereits als Kind fasziniert und bin bis heu-

100 Roy, Arundhati (indische Schriftstellerin und politische Aktivistin): »Not again«. The Guardian, 30.09.2002

te begeistert. Dieser Glaube lässt mich immer und immer wieder weitermachen. Mit meinem Gott will ich mich fortlaufend weiterentwickeln, mich korrigieren lassen und ungute Dinge, Gesellschaft, Kirche und Menschen verändern.

Ich habe seit über 15 Jahren das Gefühl, Menschen in der Kirche zu nerven, wenn ich Missstände und Ungerechtigkeit anspreche. Seit eineinhalb Jahren merke ich, dass wir ins Gespräch kommen und ich nicht mehr die Nervensäge bin. Gespräche, die ich heute in der Kirche führe, waren vor fünf Jahren noch undenkbar und galten als übertrieben. Es gab mittlerweile sogar Sitzungen, in denen mir gegenüber rassistische Dinge geäußert wurden, ich mich mal wieder für lächelndes Schweigen entschied und andere Menschen das Wort ergriffen und den Rassismus ansprachen. Ich war völlig überrascht, so etwas kannte ich zuvor nicht. Es bewegt sich was. Wir sind auf dem Weg. Das gibt mir Hoffnung. Ich hab keinen anderen Ort, an dem ich so sehr hänge und glaube, wie die Kirche. Ihre Grundpfeiler, die Ideen des Anfangs sind eigentlich die besten Voraussetzungen, um eine antirassistische Kirche zu sein. Wir müssen das Beste aus ihr wieder hervorholen und sie mitgestalten und verändern. Veränderung ist möglich, und es hat sich so viel verändert im letzten Jahrhundert und in den letzten Jahrzehnten weltweit, in Deutschland und auch in unseren Kirchen. Die Besatzungskinder in den 50er-Jahren hatten ein *weißes* und ein Elternteil of Color und wurden zum Großteil ins Ausland adoptiert. Die Eltern konnten meist nicht zusammenleben und heiraten. Als ich in den 1980er-Jahren geboren wurde war das Gott sei Dank längst undenkbar. Frauen dürfen in Deutschland erst seit 1919 wählen. Der Bundestag verabschiedete die Ehe für alle im Oktober 2017. Viele Evangelische Landeskirchen erkannten die Ehe für alle bereits vorher als gleichwertig zur heterosexuellen Trauung an. In den 1990er-Jahren wäre es aber noch undenkbar gewesen, dass ein schwules Ehepaar im Pfarrhaus lebt. Seit 2019 wird Transgeschlechtlichkeit von der WHO nicht mehr als psychische Störung klassifiziert. Im September 2021 wurde erstmals eine trans* Person Bischof in der Lutherischen Kirche der USA. Papst Franziskus ist der erste gebürtige Nichteuropäer im Papstamt seit dem 8. Jahrhundert. Das alles war möglich, weil es Menschen gab, die Veränderung wollten und sich für sie eingesetzt haben. Es sind der Wille und der Glaube vieler Menschen, die es anders tun wollen. Es sind der Mut und die Bereitschaft, das Kreuz auf sich zu nehmen. Bei den weltweiten Protestbewegungen *Black Lives Matter*, *#MeToo* und *Fridays for Future* gingen zahlreiche Christ*innen mit auf die Straße, weil sie aus ihrem Glauben heraus davon überzeugt waren, das Richtige zu tun. Diese Bewegungen sind tiefgreifend, organisch und dadurch im positiven Sinne nicht kontrollierbar. Der Blick ist geschärft dafür, dass etwas schief läuft, und es wird händeringend nach Antworten gesucht, wie es nun besser laufen kann. Es gibt kein einfaches Allheilmittel und keine leichten Antworten, aber der Wille ist da, Fehler sich nicht wiederholen zu lassen. Mit all diesen Menschen unterwegs zu sein in unseren Kirchen, gibt mir richtig Hoffnung. Die Lebenswirklichkeit der Menschen of Color hat so viele *weiße* Menschen so lange nicht interessiert, und plötzlich hören sie uns zu, folgen mir deswegen auf Instagram und lesen dieses Buch. Kirchen, theologische Fakultäten, kirchliche Kitas und Pfarrer*innen wollen Antirassismus-Trainings, die Buchhandlungen stellen selbstverständlich Bücher über Rassismus in ihre Regale, und in den Mainstream-Medien wird über kritisches *Weiß*-Sein gesprochen. Das ist wie ein Wunder. Eine andere Kirche ist nicht nur möglich – sie ist bereits auf dem Weg. An einem ruhigen Tag, wenn ich ganz genau hinhöre, kann ich sie atmen hören.

Was bleibt? Die Hoffnung!

Veränderung bedeutet gleichzeitig auch immer einen Abschied von Vertrautem. Eine neue Welt ohne Rassismus und Unterdrückung macht Menschen auch Angst. Es nimmt uns Sicherheit, wenn etwas nicht kontrollierbar ist. Wir wissen ja nicht, was kommt. Ich kann mir eine Welt ohne Rassismus nicht mal vorstellen. Das klingt so absurd, ist aber tatsächlich so. Rassismus steckt so tief in uns drin, dass ich ja schon denke, dass Hautfarbe als Unterscheidungskriterium völlig normal sei. Ein Zweijähriger sieht bei einer Schwarzen und *weißen* Person noch als erstes Unterscheidungskriterium die Augenfarbe oder irgendein willkürlich gewähltes anderes Körperteil, weil er Hautfarbe als Unterscheidungskriterium erst im Alter zwischen drei bis fünf Jahren erlernt. Das können wir Erwachsenen nicht mehr. Unsere rassistische Sozialisation ist in einem Maße ausgeprägt, dass sie schwer zu dekonstruieren ist. Wie können wir uns all die erwünschten Veränderungen denken? Wie können wir uns eine neue Welt, eine Kirche ohne Rassismus ausmalen?

Wir müssen auf unserem Weg so viel erst einmal verlernen. Wir müssen uns immer wieder daran erinnern, dass Rassismus keine natürlich angeborene Reaktion auf Menschen anderer Hautfarbe ist, sondern eine Ideologie, die im Interesse von *weißen* Menschen geschaffen wurde. Eine Kirche ohne Rassismus liegt außerhalb meiner Vorstellungskraft. Es ist aber für uns Gläubige völlig normal, an etwas zu glauben und uns für etwas einzusetzen, das außerhalb unserer Vorstellungskraft liegt, oder? Gott liegt auch außerhalb meiner Vorstellungskraft. In unseren Gottesdiensten bitten wir »Und der Friede Gottes, der höher ist als all unsere Vernunft, bewahre unsere Herzen und Sinne.« Das Geheimnis der Auferstehung ist ein Geheimnis, auf das wir dennoch hoffen. Unser christlicher Glaube basiert darauf, ganz zu sterben, alles loszulassen, um auferstehen zu können. Niemand weiß schlussendlich, wie das Reich Gottes aussehen wird und dennoch predigen wir es. Sogar im Bewusstsein, dass es unsere Vorstellungskraft übersteigt. Daher schließen wir unsere Predigten häufig mit den Worten, dass der Friede Gottes höher ist als unsere Vernunft. Wir versuchen trotzdem, daran zu glauben und danach zu leben – individuell und als Gemeinschaft.

Darüber hinaus brauchen wir Träume und Visionen, die in uns eine Sehnsucht wecken nach einer Kirche ohne Rassismus. Wir dürfen neugierig sein und Freude entwickeln für eine Kirche, in der Diversität das neue »normal« ist, und Gerechtigkeit und Chancengleichheit erstrebenswert sind. Wenn ich in die Bibel blicke, lese ich eine Menge Geschichten, die mich antreiben und die ich predigen kann, um eine solche Vision in den Herzen zu schüren und neugierig darauf zu machen: Gott im Exodus, Rut und Noemi, das Pfingstwunder, die Gemeinschaft der Jünger*innen, die Frauen am Grab, die ersten Gemeinden oder die Vision einer neuen Welt. Es gibt diese Orte in der Kirche, in denen wir gute Ansätze haben und an denen Menschen engagiert sind, mit denen ich gern an solch einer Kirche bereits baue. Lasst uns auf diese Orte und Menschen konzentrieren und mit ihnen gemeinsam Kirchengeschichte neu und anders fortschreiben. Wir wissen zwar nicht, wie eine Gesellschaft und Kirche ohne Rassismus aussehen können, aber wir haben eine Vision, der wir gemeinsam als Lernende näherkommen können. Mal dir zu dieser Vision doch mal dein Bild aus:

- Wie würde eine Welt und eine Kirche ohne Rassismus aussehen?
- Wer würde gesehen?
- Wie frei würde es sich für alle anfühlen?
- Welche Rolle spielst du in dieser Kirche?

Erinnere dich an dieses Gefühl, das du hast, wenn du dir diese Zukunft vorstellst, und kreiere ein passendes Bild dazu in deinem Kopf oder auf Papier, das du dir immer wieder hervorrufst, damit du weißt, wohin der Weg führen kann.

Ich bin mir sicher, dass sich unsere Gesellschaft und auch unsere Kirchen weiter und noch schneller weiter entwickeln werden als bereits in den vergangenen Jahrzehnten. Allein, dass wir uns so intensiv mit Rassismus auseinandersetzen, wird einen Unterschied machen. Ich bin mir sicher, dass die vielfältige Repräsentation von Menschen, Familienformen und Normen im Kinderzimmer meiner Kinder einen Unterschied machen wird in ihrem Bewusstsein als erwachsene Personen. Ich saß letztens mit meiner Tochter im Auto, und wir hörten die musikalische Lesung *Das Leben ist nicht schwarz-weiß* von Judy Bailey und Patrick Depuhl. In einem Teil geht es darum, dass unsere eurozentrische bzw. deutsche Sicht uns beigebracht hat, dass der Hund »wauwau« macht. In anderen Teilen dieser Welt macht der Hund allerdings »ham ham«, »hong hong« oder »gav gav«. Meine Tochter fand das total interessant und realisierte mit fünf Jahren, dass »wauwau« nur unsere Interpretation des Hundes ist, die Wahrheit aber allein beim Hund liegt. Sie wurde in dem Moment auf die Spur gebracht, dass der eigene Horizont nicht die ganze Welt erklärt, sondern nur die eigene Welt. Ich hingegen musste zwanzig Jahre alt werden, um nach Tansania zu gehen und zu entdecken, dass das »Normal« des Hundes und vielerlei anderer Dinge nur unsere Interpretation ist. Meine Tochter schien mir in dem Moment fünfzehn Jahre voraus zu sein und Dinge bereits in ihrem Kinderkopf anders zu lernen, ohne sie jemals verlernen zu müssen. Diese kleine Begebenheit auf einer längeren Autofahrt stimmte mich unglaublich hoffnungsvoll, dass wir die nachfolgenden Generationen in einem Ausmaß prägen können, wie es uns kaum vorstellbar ist. Dadurch verändern wir so viel mehr als das Hier und Jetzt.

Befreiung ist möglich

Es scheint ein lebenslanger Prozess, verstehen zu wollen, wie Gott eigentlich ist und wie das Reich Gottes letztendlich aussieht. Ich versuche immer mehr zu verstehen, wie die Welt eigentlich gedacht war, und diese Vorstellung verändert sich stetig. In den letzten Jahren entdecke ich Gott in der rassismuskritischen Auseinandersetzung aber Stück für Stück mehr, und das ist mein Wunder in all dem teilweise doch sehr brutalen Entdecken der Unterdrückung in der Welt. Ich fühle mich sicherer, je mehr ich mich mit Antirassismus beschäftige, und es gibt mir Kraft zu wissen, dass die Bibel inhaltlich die Basis bildet.

Jesus war Person of Color und weiß, wie es ist zu leiden. Gott kam als PoC auf diese Welt. Nicht als *weißer* Mensch. Und das war weit bevor die Menschenrassen erfunden wurden. Zuerst war Jesus Schwarz, und dann haben sich Menschen ausgedacht, dass Schwarze Menschen weniger wert seien. Durch Jesus selbst wissen wir, dass wir dem Leid begegnen können, ohne daran zu zerbrechen. Wir können das Licht der Auferstehung in allem Leid sehen.

Mir hilft es, mich von antirassistisch befreiungstheologischen Ansätzen inspirieren zu lassen. Mir immer wieder ins Bewusstsein zu rufen, dass wir ja nicht die Ersten sind, die sich all diese Fragen stellen und sich innerhalb der Kirche vor all diesen Herausforderungen stehen. Es haben uns viele Menschen den Weg geebnet – auch die feministischen und LGBTQI-Bewegungen.. Auf diesen Wegen können wir gut weitergehen. Antirassismus sollte nicht nur in der wissenschaftlichen Theologie verstärkt vorkommen, sondern auch in meinem ganz persönlichen Glauben. Wir lösen das gesellschaftlich verankerte rassistische System nicht allein im Hörsaal der Universitäten. James H. Cones Entwurf von *Black Theology* hat vielen Menschen einen Zugang zu Gott ermöglicht. Cone stellt den Schwarzen Christus in den Mittelpunkt als Gegenentwurf zum *weißen* Jesus. Er und andere Befreiungstheolog*innen verbinden Gesellschaft und Theologie auf eine Art und Weise, in der sie uns in gesellschaftliche Verantwortung hineinnehmen, verinnerlichte theologische Glaubenssätze hinterfragen und uns gleichzeitig neue Narrative aufzeigen. In der Nachfolge Jesu kann nach James Cone zum Beispiel unsere christliche Perspektive nie die der dominanten Perspektive sein, sondern muss gemäß des Beispiels Jesu immer die Perspektive der Unterdrückten sein. Die Perspektive der Unterdrückten spielte auch beim Volk Israel bereits eine zentrale Rolle. Gott befreite durch den Exodus.

- Wie können wir den Perspektiven der Unterdrückten mehr Aufmerksamkeit widmen?
- Sie nicht kleinreden oder gar leugnen?

Ich denke, wir sollten noch viel früher ansetzen. Wir sollten die Perspektive der Unterdrückten zunächst überhaupt erst einmal als Teil der Realität betrachten und die *weiße*, eurozentrische Perspektive nicht als die einzige Realität. Alles, was wir geglaubt, gepredigt, gelebt und gelehrt haben, war nicht neutral und objektiv, sondern voreingenommen, geprägt und subjektiv. Alles, was wir als normal ansehen, muss daher dekolonisiert werden. Das alles erfordert ein hohes Maß an Offenheit und Mut, weil wir letztendlich fast alles infrage stellen, woran wir glaubten. Wenn wir ernst nehmen, dass Rassismus ein weltweites Phänomen ist, dann brauchen wir auch die Weisheit derer, die außerhalb unserer engen eurozentrischen Kreise leben. Dabei hat keine Perspektive einen Absolutheitsanspruch. Die Wahrheit – auch im Blick auf Gott und unseren Glauben – ist ein Mosaik aus vielen Perspektiven. Dazu beschenkt uns die Bibel mit großartigen Bildern, wie zum Beispiel im Lukasevangelium, wo es heißt, dass Menschen aus Ost, West, Nord und Süd kommen, um gemeinsam am Tisch zu sitzen im Reich Gottes.[101] Karl Marx hat mal gesagt: »Die herrschenden Ideen einer Zeit waren stets die Ideen der herrschenden Klasse.«[102] Im Reich Gottes scheint es genau umgekehrt zu sein, denn dort werden nach Lukas 13 die Ersten die Letzten und die Letzten die Ersten sein. Sind das nicht großartige Bilder und Visionen, die uns Hoffnung und Antrieb zur Veränderung geben können?

- »Menschen aus Ost, West, Nord und Süd kommen zusammen, um am Tisch zu sitzen im Reich Gottes.« – »Die Ersten werden die Letzten und die Letzten werden die Ersten sein.« »Es gibt nicht mehr Jüdinnen* Juden und Griech*innen, nicht Sklav*innen und Freie, nicht männlich und weiblich; denn ihr alle seid eins in Christus Jesus.«

---

101 Lukas 13,29–30

102 Karl Marx; Friedrich Engels: Manifest der Kommunistischen Partei, 1848, IV (MEW 4), S. 480, http://www.mlwerke.de/me/me04/04_459.htm

Dennoch bleibt die Nachfolge Christi eine Herausforderung für uns. Es ist nicht leicht, die Worte aus dem Galaterbrief umzusetzen, dass wir alle eins sind in Christus und weder Jude noch Grieche, weder Mann noch Frau, Freie und Sklave zählen. Es war Gott, die uns gleichzeitig unterschiedlich und gleich gemacht hat, und ich bin sicher, dass Gott die Unterschiede nicht dazu gedacht hat, die Gleichheit zu negieren.

Befreiung ist daher nicht nur in Bezug auf die *weiße*, eurozentrische Perspektive nötig, sondern auch in Bezug auf Schuld. *Die Ärzte* haben mal gesungen »Es ist nicht deine Schuld, dass die Welt ist, wie sie ist, es wär nur deine Schuld, wenn sie so bleibt.« Natürlich ist das 500 Jahre alte System des Rassismus nicht unsere persönliche Schuld, aber wir haben uns alle bereits daran schuldig gemacht, auch wenn wir dies nicht bewusst und mit Absicht taten. Wir entkommen dem Ganzen nicht. Es ist wie mit dem Klimawandel oder globaler Ungerechtigkeit. Unser Leben in unseren Breitengraden baut darauf auf, dass wir in einem kapitalistischen und rassistischen Weltsystem auf Kosten anderer leben. Dass wir es schlussendlich nicht auflösen können, können wir aber zunächst anerkennen und gleichzeitig Verantwortung übernehmen. Und wir dürfen uns der Gnade Gottes gewiss sein, ohne uns darauf auszuruhen. Nicht ohne Grund beginnen die meisten Gottesdienste mit einem Sündenbekenntnis. Wir sind verstrickt in Unrechtszusammenhänge. Der Kern des Evangeliums ist es jedoch, dass Christus gekommen ist, um mich frei zu machen von den Lasten des Lebens und den Lasten einer transgenerationalen Schuld. Ich predige und glaube doch, dass wir Sünder*innen und Gerechte zugleich sind. Dennoch ist es nicht leicht, und das weiß die Bibel auch. Der Römerbrief weiß, dass ich das Gute, das ich will, nicht tue, sondern das Böse, dass ich eigentlich nicht tun will.[103] Wir brauchen die Zeile im Vater Unser »Erlöse uns von dem Bösen« so sehr. Gott schenkt uns die Früchte der Liebe, Freude, Frieden,

103 Römer 7,18–19

Geduld, Güte, Sanftmut und Selbstbeherrschung[104], und mit dieser Haltung sind wir in der Lage, die Vergangenheit und Gegenwart anzusprechen, vor Gott zu bringen, um Entschuldigung zu bitten, nach Wiedergutmachung und Reparation zu suchen, gemeinsam zu ringen und nichts zu verharmlosen. Wir sollten nicht nur von Zerbrechlichkeit, sondern von Verletzlichkeit sprechen und uns dann auch so begegnen – in der Haltung, dass wir alle verletzlich sein dürfen. Durch die Gnade sind wir in der Lage, Wege zu erproben, die es uns möglich machen, eine Kirche für alle zu werden, in der eine Gemeinschaft ohne Rassismus teilweise möglich sein könnte.

Wir sind untrennbar eins

Der Preis für die Befreiung der Weißen ist die Befreiung der Schwarzen.
James Baldwin[105]

Ungerechtigkeit an einem Ort ist eine Bedrohung für die Gerechtigkeit überall. Was immer einen direkt betrifft, betrifft indirekt alle.
Martin Luther King

Sämtliche Religionen und viele Einzelpersonen und Aktivist*innen sind sich einig darin, dass wir uns selbst entmenschlichen, wenn wir die Menschlichkeit anderer verleugnen. Unsere Befreiung hängt von der Befreiung anderer ab. Die feministische Theologin Dorothee Sölle hat es so ausgedrückt, dass wir auch eine Befreiung von unserem Täter*innen-Sein brauchen. Durch Ungerechtigkeit fügen wir uns allen letztendlich physischen, psychischen und materiellen Schmerz zu. Keine*r von uns ist frei, solange nicht alle frei sind. Letztendlich verletzen wir nicht

---

104 Galater 5,22

105 James Baldwin: Nach der Flut das Feuer (The Fire next times), München 2020 (1963), S. 105

nur Gottes Schöpfung, sondern auch uns selbst, wenn wir einander Schmerz zufügen. Wir fügen der gesamten Menschheit Schmerz zu, wenn wir zum Beispiel Menschen auf dem Mittelmeer ertrinken lassen.[106] Desmond Tutu hat gesagt, dass beide Seiten leiden und der Täter letztendlich auch Opfer seiner eigenen Taten sei. Niemand ist frei, solange Rassismus existiert. Das merken wir, wenn Gespräche über Rassismus schnell emotional werden. Dabei geht es niemandem gut. Es geht eben nicht darum, sich zu beschuldigen, sondern sich gemeinsam zu befreien.

Etwas greifbarer wird das an dem Bild vom Leib Christi aus dem 1. Korintherbrief 12: Es ist das Bild von dem einem Leib mit vielen Gliedern, durch die wir gemeinsam eine Gemeinschaft bilden. Wenn wir uns als einen Körper verstehen, dann betrifft es den ganzen Körper, wenn ein Teil krank ist. Wenn wir eine Entzündung am Fuß haben, kann das Auswirkungen auf den kompletten Körper haben. Es wird am Fuß sichtbar, aber eigentlich sind alle Organe betroffen und kränkeln mit. Dieses Bild schützt uns außerdem vor Spaltung. Einen Körper kann ich nicht spalten und von »wir hier« und »ihr dort« sprechen. Es hilft uns als Kirche, nicht von »den anderen« zu sprechen. Jesus selbst ruft uns ebenfalls auf, alle eins zu sein.[107] Es ist ein wiederholtes Anliegen, dass wir uns nicht spalten sollen. Das Körperbild überwindet diese Kategorien und ruft uns dazu auf, uns um die schwächeren Glieder zum Wohle des ganzen Körpers zu sorgen. Ist dieses Bild nicht großartig in Bezug auf Antirassismus? Rassismus ist ein Angriff auf die Einheit der Menschheit, und als Leib sind wir untrennbar miteinander verbunden.

---

106 Roig, Emilia: Why we matter, S. 334

107 Johannes 17,21

Je länger ich mich mit Antirassismus beschäftige, umso mehr entdecke ich, wie viel in meinem Leben eigentlich von Unterdrückungsperspektiven geprägt ist. So auch mein ganz persönlicher Blick in die Bibel. Niemand von uns liest die Bibel als unbeschriebenes Blatt. Wir alle bringen unsere Perspektive mit beim Bibellesen – das habe ich ganz zu Beginn des Buches am Beispiel der Bibelarbeit zur kanaanäischen Frau dargestellt. Als ich an einem Kurs teilnahm, der von der *United Church of Christ (UCC)* entwickelt wurde, haben wir eine Selbstinventur beim Bibellesen aus dem Buch »Peoples Compandium to the Bible«[108] mit auf den Weg bekommen. Die *UCC* hat einen jahrelangen Weg der antirassistischen Arbeit zwischen *weißen* und Schwarzen Menschen hinter sich und ist immer noch auf dem Weg. Natürlich kann man aus dem US-amerikanischen Kontext nicht alles eins zu eins auf den unseren übertragen, aber von ihren Gedanken und Wegen, eine antirassistische Kirche zu sein, habe ich viel gelernt. So auch in dem *UCC*-Kurs »Sacred conversations – heilsame Glaubensgespräche«. Wenn wir uns mit Eurozentrismus in der Kirche beschäftigen, liegt es ja leider auf der Hand, dass mein Gottesbild auch dadurch so *weiß* und europäisch ist, weil mein Zugang durch Bibellesen, Predigen und Gottesdienstfeiern eben auch so geprägt ist. Daher haben wir uns in dieser Selbstinventur folgende Fragen gestellt, von denen ich dir ein paar stellen möchte:

- Wie ist dein religiöser Hintergrund?
- Was war der charakteristische Blick in die Bibel bei dir früher zu Hause?
- Hast du in deinem Leben eine Krise erlebt, in der die Bibel eine Rolle gespielt hat?
- Welche Erfahrungen hast du mit der Bibel in deinem eigenen spirituellen Bewusstsein?

---

108 DeYoung, Curtis Paul; Gafney, Wilda; Guardiola-Saenz, Leticia A.: Peoples Compandium to the Bible, 2010, S. 32–35

- Wie unterschiedlich geprägt sind die Menschen, mit denen du in die Bibel schaust oder von denen du aus der Bibel hörst?
- Welche Faktoren und Einstellungen aus einer Gemeinde prägen deinen Blick in die Bibel?
- Wie beeinflusst deine Rolle in dieser Welt deinen Blick in die Bibel?
- Welche Auswirkungen hat dein sozio-ökonomischer Hintergrund beim Bibellesen?
- Wie beeinflussen die Werte und das Wohlergehen deiner Gemeinde den Blick in die Bibel?
- Wie beeinflusst deine politische Position, die Art und Weise, wie du die Bibel hörst und liest?
- Welchen Einfluss hat Sekundärliteratur über den christlichen Glauben und Theologie auf dein Bibellesen?
- Welche Menschen haben deinen Blick in die Bibel besonders geprägt?
- Was möchtest du ändern, nachdem du dir Zeit genommen hast, diese Fragen ganz persönlich für dich zu beantworten?

Seitdem ich angefangen habe, mir diese Fragen immer mal wieder zu stellen, mache ich überraschende Entdeckungen und staune, wie viel mehr noch in der Bibel steckt, wenn ich ganz neue Perspektiven zulasse. So ging es mir auch bei einer Andacht meiner Kollegin Claudia Währisch-Oblau, die die Bibelstelle, die wohl am häufigsten fehlinterpretiert wurde und großen Schaden angerichtet hat, völlig neu in den Blick nahm: den Missionsbefehl aus Matthäus 28. In dieser Bibelgeschichte begegnet der auferstandene Christus seinen Jünger*innen und entsendet sie in die Welt, die frohe Botschaft der Auferstehung zu verkünden. Diese Bibelstelle galt in der Vergangenheit als der Auftrag, die Welt als Christ*innen zu erobern. In der Andacht stellte sie vor, wie man diese Geschichte auch aus postkolonialer Perspektive lesen kann. Sie legte ihren Fokus auf Details im Missionsauftrag, die beim ersten persönlichen Lesen völlig unbedeutend wirken. Zum Beispiel findet diese Begebenheit in Galiläa statt. Es ist kein Zufall, wo sich biblische Geschichten abspielen, sondern hat meistens Bedeutung. Galiläa war nicht das Machtzentrum und auch nicht religiöser Mittelpunkt der damaligen Zeit. Das war Jerusalem. Außerdem war Galiläa kein jüdisches Gebiet, sondern ein Ort, an dem Diversität herrschte. Galiläa war in der Region des Sees, an dem Jesus zuvor predigte, Kranke heilte und Menschen begegnete, die von den Machthabenden nicht gesehen wurden. Die christliche Mission begann daher von den Rändern aus und nicht als Machtinstrument der Stärksten. Außerdem werden die Jünger*innen im griechischen Urtext ganz bewusst Jünger und nicht Apostel genannt. Sie sind daher keine Lehrer*innen oder Menschen, die herrschen und machtvoll Dinge in die Welt tragen sollen. Sie bleiben ein Leben lang Lernende und genauso sollen sie mit Menschen ins Gespräch kommen. Außerdem sind es nur noch elf und keine zwölf Jünger mehr. Wir werden an Judas erinnert und daran, dass wir alle scheitern können. Auch Jünger*innen sind nicht vollkommen und heilig, sondern auf die Gnade angewiesen. Es waren Fischer ohne formale Qualifikation, die zudem noch (laut Vers 17) zweifelten. Sie bezweifeln ein Schlüsselelement unseres christlichen Glaubens. Dieser Missionsbefehl richtet sich daher nicht an die, die bereits oben stehen und ihre Macht ausbreiten sollen, sondern an die Breite unserer Gesellschaft. Wenn wir Bibelstellen, die uns scheinbar so vertraut sind, einmal völlig neu beleuchten, indem wir auf Details achten oder mit Menschen ins Gespräch kommen, die eine völlig andere Perspektive haben, dann kommen wir nicht nur selbst aus dem Staunen nicht mehr heraus, sondern sprechen auch plötzlich neue Menschen in unseren Kirchen an, indem wir unsere Perspektive auch Stück für Stück verändern.

Ich werde trotzdem afrikanisch sein, auch wenn ihr mich gerne deutsch haben wollt, und werde trotzdem deutsch sein, auch wenn euch meine Schwärze nicht passt.
Ich werde noch einen Schritt weitergehen, bis an den äußersten Rand, wo meine Schwestern sind, wo meine Brüder stehen, wo unsere Freiheit beginnt.
Ich werde noch einen Schritt weitergehen und noch einen Schritt weiter und wiederkehren, wann ich will, wenn ich will, grenzenlos und unverschämt bleiben.
May Ayim[109]

Die Dichterin, Aktivistin und Wissenschaftlerin May Ayim hat bereits in den 1980er- und 90er-Jahren Texte verfasst, die immer noch aktuell sind. Sie war eine der ersten Schwarzen deutschen Frauen, die geforscht und öffentlich gesprochen hat über Rassismus in Deutschland und die Verschleierung Schwarzer Geschichtsschreibung in Europa. Ihre Texte und ihr Engagement beeindrucken mich nachhaltig bis heute. Vor allem fasziniert mich, dass sie trotz allen Leids und ihres tragischen Schicksals eine unfassbare Leidenschaft äußerte und immer wieder betonte und andere ansteckte, nicht mehr zu schweigen und immer weiterzumachen.

Wir nähern uns dem Ende dieses Buches und ich weiß nicht, was dir aktuell alles durch den Kopf geht, aber ich weiß, dass man nicht dieselbe bleibt, wenn man einmal angefangen hat, sich mit Rassismus und anderen Unterdrückungssystemen zu beschäftigen. Du siehst die Welt plötzlich durch eine andere Brille und nimmst Dinge kritisch wahr, die du vorher als naturgegebene Norm angesehen hast. Es liegt eine unfassbar große Chance darin, von dort aus nun weiterzugehen – grenzenlos und unverschämt.

109 https://taz.de/!1441209/, Zugriff: 26.09.2021

Es ist ein langer Weg, und die größte Herausforderung dabei ist für mich, geduldig zu bleiben. Wir wollen einen Bewusstseinswandel in den Kirchen und der Gesellschaft erzeugen, und das geht nicht auf Knopfdruck. Nach über einem Jahr Antirassismus im öffentlichen Mainstream und allen Debatten um Identitätspolitik war ich zunächst erschüttert vom Wahlergebnis der Bundestagswahl im September 2021. Wie können so viel Menschen nach all dem die AfD wählen? Nach genauerem Hinsehen stellte ich aber fest, dass die Stimmen der AfD zurückgegangen sind, aber es eben nur langsam geht. Daher ist es umso wichtiger, dass wir dranbleiben, und zwar gemeinsam. Untätigkeit kann keinen Wandel bewirken. Es ist anstrengend, aber wenn du nichts sagst, bleibt alles beim Alten. Es reicht nicht aus, wenn du nicht mehr rassistisch sein willst. Wir müssen alle gemeinsam antirassistisch handeln. Das mag hart klingen nach aller Euphorie der letzten Seiten, aber ich habe all die Hoffnung auch nur, weil ihr bis hierhin gelesen habt, und weil ich merke, dass sich was bewegt. Daran müssen wir anknüpfen und uns gegenseitig ermutigen, Diskriminierung immer wieder zu entlarven und anzusprechen. Ich bin oft die Nervensäge, Menschen ärgern sich oder verdrehen die Augen, wenn ich Dinge anspreche. Dabei sage ich Dinge oft nur mit einem Schmunzeln und traue mich nicht mal, etwas mit ernstem Tonfall auszusprechen. Aber letztendlich sind diese Dinge dennoch sehr ernst und müssen gerade in der Kirche viel ernster genommen werden. Darum lasst uns gemeinsam Nervensägen sein. Je mehr Menschen die Defizite ansprechen, desto mehr Menschen fangen auch selbst an, über sie nachzudenken. Dabei könnten wir unsere große Chance der Gnade nutzen und uns selbst demütig und als Lernende verstehen, sodass wir versuchen, den Dialog zu entmoralisieren. Auf dieser Grundlage können wir ganz anders miteinander reden. Wir werden nicht das perfekte rassismuskritische Konzept einer antirassistischen Kirche erarbeiten und irgendwann fertig sein. Ein kollektiver Bewusstseinswandel, der von der Basis heraus entsteht, hat ja bereits begonnen und wird auf anderen Wegen in anderen Formaten seinen Lauf nehmen. Audre Lorde hat gesagt, dass wir ein rassistisches System sowieso nicht mit denselben Werkzeugen bekämpfen können, mit denen es entstanden ist.[110] Wir haben andere Werkzeuge in der Kirche. Jesus selbst hatte eine taffe Message, damals wie heute. Es war aber immer ein liebender und kein harter Aufbruch. Für unseren antirassistischen Aufbruch brauchen wir einander, um uns immer wieder auszutauschen und uns daran zu erinnern, dass wir andere Werkzeuge zur Verfügung haben. Friedrich Nietzsche sagte: »Wer mit Ungeheuern kämpft, mag zusehn, dass er dabei nicht zum Ungeheuer wird. Und wenn du lange in einen Abgrund blickst, blickt der Abgrund auch in dich hinein.«[111] Auch dazu benötigen wir einander, um uns gegenseitig für eine Kirche zu begeistern und nicht an all dem, was nicht »läuft«, zu verbittern. Ich sitze selbst so oft in Gottesdiensten und sehe nur noch Rassismus und Sexismus. Das frustriert mich auch und raubt mir meine Hoffnung. Ich kann Gottesdienste manchmal gar nicht mehr genießen und das tut mir weh. Ich habe mir aber mit meiner Arbeit und meiner Gemeinde Orte gesucht, die ich zum einen anders mitgestalten kann und wo ich zum anderen Geschwister habe, die mit mir unterwegs sind. Ich habe nicht viele Orte innerhalb der Kirche, in denen ich mich richtig wohlfühle, aber die, die ich habe, geben mir Mut. Solche Orte brauchen wir. Wir brauchen viel mehr Menschen, die merken, wie merkwürdig unsere *weiße* Kirche ist, damit wir uns darauf zurück besinnen, wie sie eigentlich gedacht war. Ich konzentriere mich daher auf die Orte, an denen ich Gott erkenne und dadurch Hoffnung schöpfe, und weniger auf die Teile der Kirche, die gerade eh sterben. Gleichzeitig merke ich aber, dass es auch an meinen Hoffnungs-Orten nicht immer himmelhochjauchzend läuft, aber ich denke, dass es eben auch nötig ist, mein Kreuz auf mich zu nehmen. Jesus hat nicht versprochen,

110 Roig, Emilia: Why we matter, S. 324

111 Nietzsche, Friedrich: Jenseits von Gut und Böse, Leipzig 1886

dass Nachfolge immer leicht ist, und ist selbst oft genug angeeckt. Dennoch sollten wir bei all den Kreuzen auf unserem Rücken nicht vergessen, Kraft zu tanken, um daran nicht zu zerbrechen. Es macht viel mehr Spaß und Sinn, sich mit denen zu verbünden, die bereits mit auf dem Weg sind, in der Hoffnung, die anderen vielleicht irgendwann auch zu begeistern. Wir vergessen manchmal bei aller Kritik, dass Jesus Christus gekommen ist, um uns neue Lebensfreude zu schenken.

Wenn es eine To-do-Liste gäbe ...

Bei jeder Veranstaltung, in allen Interviews und jeglichen Gesprächen folgt zum Schluss diese eine Frage, und ich befürchte, ihr würdet sie am Ende des Buches ebenfalls stellen: »Was können wir denn nun tun?« Nach einer kurzen Vorrede, dass wir geduldig sein müssen, es kein Sprint, sondern ein Marathon wird und wir die endgültige Überwindung von Rassismus sicherlich nicht erleben werden, nenne ich natürlich immer einige Punkte, um meine Gegenüber nicht ganz allein dastehen zu lassen. Da du aber nun bis hierher gelesen hast, mute ich dir noch einen zusätzlichen Gedanken von Maryam Mohseni zu dieser Frage zu. Sie schreibt, dass das voreilige Konzentrieren darauf, wie wir nun das Problem endgültig aus der Welt räumen, wieder das *weiße* Bedürfnis ins Zentrum stellt, etwas zu tun, anstatt sich diese unmöglichen Verhältnisse anzuschauen, ihre Ursachen und ihre Wirkungen zu verstehen.[112] Wenn mir diese Frage gestellt wird, frage ich mich außerdem: Was wird da eigentlich von mir erwartet? Ein fertiger Plan? Aber wie soll der aussehen und warum wird mir in dem Moment dafür die Verantwortung zugeschoben? Als ob ich einen Plan in der Tasche hätte, der Rassismus aus der Welt schafft! An den wir uns alle ganz einfach halten können und dadurch das schaffen, was

112 Mohseni, Maryam: Empowerment-Workshops für Menschen mit Rassismuserfahrungen, S. 193

Rosa Parks, Martin Luther King, May Ayim, Nelson Mandela, James Cone ... sie alle nicht geschafft haben. Das wäre anmaßend. Außerdem haben diese Menschen so viel des Weges geebnet, das uns heute die Grundlage für alle Debatten gibt. Dennoch fühle ich mich immer in der Position, darauf antworten zu müssen, weil ich andernfalls befürchte, man könne über mich denken: »Meckern und kritisieren kann sie, aber sie weiß ja auch nicht, wie es anders laufen könnte.« Solltest du diesen Impuls kennen, möchte ich dir und mir noch einmal sagen: Lass dich davon nicht unter Druck setzen! Wer so etwas tatsächlich sagt, hat den Kern des Problems nicht mal verstanden, und dann hilft es auch nicht, dieser Person drei Dinge mit auf den Weg zu geben, die sie nun tun kann, um Antirassist*in zu werden. Im schlimmsten Fall verschlimmbessert die Person das System. Nur weil ich Missstände anspreche, liegt es nicht allein in meiner Verantwortung, nun auch den Masterplan aus der Tasche zu zaubern. Verantwortung tragen wir alle für uns selbst, und es scheint immer einfacher, diese abschieben zu können. Funktioniert aber nicht.

Nun hab ich aber dieses Buch geschrieben, und es ist etwas umfassender als ein Interview oder ein Seminar. Ich habe auf vielen Seiten darzulegen versucht, wo das Kernproblem steckt und wo es sichtbar wird, wie das System wirkt und sich selbst aufrechterhält. Und natürlich habe ich mir auch konkrete Gedanken dazu gemacht, was wir tun können.

Als in der Schwarzen US-amerikanischen Frauen- und Bürgerrechtsbewegung der Sechzigerjahre der Diversity-Begriff erstmals fiel, ging es nicht um den Ruf nach marktkonformer Repräsentanz vielfältiger Identitäten und Erfahrungen. Stattdessen ging es um die Forderung nach einer Institutionalisierung umfassender Antidiskriminierungsrechte. Ich denke, wir brauchen heute in der *weißen* Kirche beides. »You cannot be what you cannot see.« Ich habe darüber geschrieben, warum ich nicht Pfarrerin geworden bin. Es gab keine, die mir allein durch ihr Dasein zeigte, dass eine wie ich Pfarrerin sein kann.

Das ist aber nicht nur entscheidend bei der Berufswahl, sondern auch bei der Gemeindewahl. Ich stelle fest, dass die Gemeinden, die eine*n PoC-Pfarrer*in haben, auch viel mehr People of Color anziehen. Das liegt zum einen an der reinen Repräsentanz und zum anderen an den Inhalten und Perspektiven, die der*die Pfarrer*in einbringt und die die Gemeinde mitprägen. Quoten allein werden nie die Lösung sein, aber in Kombination mit institutionellen Veränderungsprozessen in unseren Kirchen können Quoten wirksam sein. Ohne PoC-Perspektiven wird Veränderung sowieso nicht möglich sein. Wir sollten uns daher immer wieder fragen, wann wer spricht und Raum einnimmt. Wann sprechen *weiße* Menschen und wann werden People of Color sicht- und hörbar? Es gibt eine Mehrheit und eine Minderheit, und es ist total schwer, dass die Mehrheit sich in ihrem Aktivismus nicht gleich wieder zur Retterin über die Minderheit erhebt. People of Color müssen nicht gerettet werden. Wir alle wollen doch eine Kirche gestalten, in der alle gleichermaßen willkommen sind und gehört und gesehen werden. Rassismus zu überwinden, ist für uns alle wichtig. *Weiß*-Sein rückt sich selbst aber immer wieder selbst ins Zentrum. Das sollten wir regelmäßig überprüfen in allen Prozessen. Antirassismus-Arbeit ist wie ein Muskel, der regelmäßig trainiert werden muss, oder wie eine Ernährungsumstellung, die nie endet. Frag dich daher immer wieder:

- Wem gibst du Raum?
- Wem hörst du zu?
- Wobei bleibst du bei der Sache?
- Wann unterbrichst du?
- Worüber informierst du dich?

Versuche, das *Weiße* immer wieder aus dem Zentrum zu schieben. Es wird sich ständig ins Zentrum drängen, weil es so »normal« ist.

Es hilft dir daher auf jeden Fall, wenn du nicht aufhörst, dich über Rassismus zu informieren, indem du Podcasts hörst,

Bücher liest, Seminare besuchst, People of Color auf Social Media folgst und ihnen in deinem Umfeld zuhörst und bewusst Raum gibst. Das gilt übrigens für *weiße*, wie Schwarze Menschen. *Weiße* sollten das tun, weil ihnen die Perspektive komplett fehlt, aber ich merke bei mir auch immer noch, dass mir manchmal Worte fehlen und andere sie mir schenken und ich dadurch immer wieder Systeme und Machtachsen neu erkennen und ansprechen kann, weil es mich empowert, anderen Menschen of Color zuzuhören und von ihnen zu lernen. Gerade durch Instagram, Facebook, YouTube, TikTok oder Spotify bekommen *weiße* Menschen Einblicke in das Leben von People of Color, wie es vorher kaum möglich war. Das hilft in einer vorher noch nie da gewesenen Art und Weise, Perspektiven zu verstehen und sie selbst omnipräsent in den Alltag einzubauen. Meinen Feed auf Social Media gestalte ich selbst – ich entscheide, wem ich täglich meine Aufmerksamkeit widme und an wessen Leben ich teilhaben will. Ich kenne viele *weiße* Menschen, die nur durch das simple Folgen auf Instagram von People of Color plötzlich Alltagsrassismus ganz anders wahrgenommen haben, weil sie viele alltägliche Herausforderungen vorher schlichtweg nicht kannten. Aufgrund dessen haben sie sogar angefangen, Missstände in ihrem Umfeld anzusprechen und dadurch Rassismus zu entlarven und zu dekonstruieren. Sprich daher Rassismus immer und immer wieder an und mach ihn zum Thema in der Gemeinde, deiner Familie, deinem Social-Media-Kanal oder deinem sonstigen Umfeld. Wir haben bereits individuell angefangen, und Rassismus wird mehr und mehr zu einem kollektiven Thema in Kirche und Gesellschaft. Bleib daher ruhig erst einmal bei dir und erzähl einfach, worüber du nachdenkst. Teile deine Beobachtungen über *weiße* Krippenfiguren, *weiße* Illustrationen im Kindergottesdienstmaterial, den *weißen* Jesus, *weiße* Leitungsgremien oder eurozentrische Perspektiven in Predigten oder Lehre. Durch Gespräche habe ich so viel gelernt im Leben, weil ich mich in jedem Gespräch auch als Lernende sehe. Auch das gehört zum Muskeltraining dazu. Setze bei all dem aber auch klare Grenzen. Immer nur freundlich zu bleiben, geht auch leider nicht. Vor rassistischer Sprache ziehe ich klar und deutlich einen Riegel. Es ist leider so salonfähig geworden, und das halte ich nicht aus. Da ist meine Grenze und ich sage Menschen ganz deutlich, warum manches einfach rassistisch ist und gebe damit dann auch die Verantwortung an sie zurück: Wenn ich zum Beispiel einmal erklärt habe, warum man das N-Wort nicht aussprechen sollte oder die Frage »Woher kommst du?« verletzend sein kann, dann verbiete ich niemandem, dies weiter auszusprechen, aber ich sage klar, dass sie das von nun an in dem Wissen tun werden, dass es verletzt und rassistischen Hintergrund hat. In unserer Sprache, unserem Handeln und im Gestalten von Kirche haben wir vor allem eine große Verantwortung gegenüber der nachfolgenden Generation. Meine Kinder hören, wie ich spreche, was ich sage und wem ich Aufmerksamkeit schenke. Allein dadurch können wir mehr verändern, als wir glauben. Daher ist mir eine antirassistische Kinderbibel so wichtig, wie auch diversere Krippenfiguren oder Vielfalt im Kinderzimmer generell. Damit tragen wir dazu bei, dass es unsere Kinder hoffentlich viel leichter haben werden bei der Dekonstruktion von internalisiertem Rassismus.

Ich bin davon überzeugt, dass wir bei uns ganz persönlich anfangen müssen und derart ein kollektiver Wandel in der Kirche möglich sein wird; dennoch hab ich auch einige Ideen, die wir als konkrete Vorschläge in unsere Kirchen einbringen können.

Ganz oben steht, dass ich davon überzeugt bin, dass wir es allen Menschen in unseren Kirchen, egal ob ehren- oder hauptamtlich, ermöglichen sollten, ein Antirassismus-Training zu besuchen. Ein Buch zu lesen und Menschen auf Social Media zu folgen, ist die eine Sache, aber all das kann eine intensive Zeit der Selbstreflexion und des Austauschs nicht ersetzen. Erst wenn wir alle in der Tiefe bei uns selbst anfangen, können wir in zielführende Dialoge und nachhaltige Veränderungsprozesse einsteigen. Antirassismus-Trainings sollten unbedingt eine Grundlage und ein Querschnittsthema werden.

- Darüber hinaus gibt es viele Baustellen und viel zu tun: Wir sollten unsere Kleinsten in den Blick nehmen und Kindergottesdienste, Arbeit mit Kindern und unsere Kindertagesstätten dekolonisieren und dortige Mitarbeiter*innen schulen und Materialien zur Verfügung stellen. Das gleiche müsste in all unserer Bildungsarbeit, angefangen beim Kommunion- und Konfirmationsunterricht, über Jugendarbeit bis zum Religionsunterricht passieren. Theologische Ausbildungsstätten und Fakultäten sollten ihren theologischen Eurozentrismus überdenken und andere Perspektiven in den Lehrplan aufnehmen. Außerdem brauchen wir antirassistische Gottesdienst- und Glaubenskursmaterialien für unsere Gemeinden.
- Am schwersten wird es vermutlich, unsere Strukturen zu durchbrechen und unsere Geschichte so aufzuarbeiten, dass wir von einem Versöhnungsparadigma hin zu einem Reparationsparadigma kommen. Es wird nicht reichen, sich nur zu »vertragen«, es geht auch um Wiedergutmachung und um Heilung. Mit Reparation haben wir in Deutschland durch die Aufarbeitung der NS-Vergangenheit zwar Erfahrungen, aber das würde in unseren Kirchen dennoch ziemlich kompliziert werden, und, um ehrlich zu sein: Ich habe keine konkrete Vorstellung davon, wie das aussehen könnte. Die muss ich auch nicht haben, weil wir ja viele sind, die die Kirche verändern wollen, und meine Perspektive nur eine einzige ist. Wir werden scheitern, und wir werden weitermachen. Zwischendurch werden wir wie der reiche Jüngling traurig weggehen wollen, weil uns der Preis der rassismuskritischen Nachfolge zu hoch erscheinen wird, aber dennoch schreiben wir die Geschichte fort, die wir bereits in der Bibel nachlesen können. Es waren schon immer Menschen unterwegs, von denen das Erste und Zweite Testament berichten. Diese Menschen verrennen sich ständig. Eine*r oder eine ganze Gruppe vergeigt es, dann geht's weiter – über Generationen. Aber es geht wei-

ter. So auch heute mit uns. Und da gebe ich gern die Verantwortung für Ideen zur Veränderung ab an dich und uns alle:

- Was muss auf persönlicher und institutioneller Ebene in der Kirche passieren, damit eine antirassistische Kirche wächst?

Zum Schluss bleibt die Liebe

Als ich das letzte Kapitel dieses Buches schrieb, starb mein Opa. Zehn Tage vor Abgabe des Manuskripts. Ich war froh, dass ich ihm bereits alle Stellen vorgelesen hatte, in denen ich über ihn und meine Oma geschrieben habe. In der Konfrontation mit dem Tod wurde mir aber einmal mehr deutlich, was wirklich zählt im Leben. Es sind nicht die Machtachsen dieser Welt. Hierarchien sind nicht natürlich. Selbst bestehende Hierarchien in unseren Kirchenstrukturen sind am Ende doch nur so mächtig, wie ich es ihnen einräume. Hierarchien und damit auch Unterdrückung sind menschengemacht, und ich glaube an ein Reich Gottes, das dies alles einmal aufbrechen wird. Im Sterbebett liegen wir alle gleich. Wir verlassen diese Welt nicht mit unseren Positionen und Privilegien. Es ist nicht das, was zählt, auch wenn wir alle (ob oben oder unten in der Hierarchie) daran festhalten. Wir glauben an eine neue Welt nach dem Tod. Im Lobgesang der Maria heißt es, dass Gott die Mächtigen vom Thron stürzt und die Niedrigen erhöht (Lukas 1,52). Und in der Offenbarung wird uns die Vision einer neuen Welt nach dem Tod präsentiert, in der Gott nicht nur alle Tränen abwischen wird, sondern auch Leid, Schmerz und Klagen einfach keine Rolle mehr spielen werden (Offenbarung des Johannes 21). So verbringen wir die Ewigkeit also. Würde es nicht helfen, wenn wir uns viel öfter daran erinnerten, um ein Stück Ewigkeit hier auf Erden schon zu gestalten? Sollten wir nicht öfter mit den Worten aus Psalm 90,12 beten, dass wir uns daran erinnern wollen, sterblich zu sein, um ein weises Herz zu bekommen? Was würde das für Rassismus bedeuten? Was hätte das für konkrete Auswirkungen auf eine Kirche, die für alle offen, einladend und sicher ist?

Das höchste Gebot der Bibel ist das Doppelgebot der Liebe: Liebe Gott und deine Nächsten wie dich selbst. Von der radikalen Selbstliebe und Selbstfürsorge spricht auch Audre Lorde, die sich seit Jahrzehnten gegen Rassismus einsetzte. Die Liebe ist ein zentraler Punkt ihrer Arbeit, und die Liebe ist ein zentraler Punkt in der Bibel. Wenn wir Selbstliebe nicht mehr von Hierarchien abhängig machen, können Hierarchien aufgebrochen werden. Wenn wir Selbstliebe nicht mehr von außen definieren lassen, können wir ganz anders Liebe ausstrahlen und weitergeben. Wenn es weniger um uns selbst und mehr um unsere Nächsten geht, hätten wir manche Hürden überwunden im Kampf gegen Rassismus. Es klingt so simpel, aber diese Gedanken waren schon bei Paulus revolutionär, und sie berühren bis heute mein Innerstes, wenn ich in 1. Korinther 13 von der Liebe lese, die alles überwinden kann:

> *Wenn ich in den Sprachen der Menschen und Engel redete, hätte aber die Liebe nicht, wäre ich dröhnendes Erz oder eine lärmende Pauke.*
>
> *Und wenn ich prophetisch reden könnte und alle Geheimnisse wüsste und alle Erkenntnis hätte; wenn ich alle Glaubenskraft besäße und Berge damit versetzen könnte, hätte aber die Liebe nicht, wäre ich nichts.*
>
> *Und wenn ich meine ganze Habe verschenkte und wenn ich meinen Leib opferte, um mich zu rühmen, hätte aber die Liebe nicht, nützte es mir nichts.*
>
> *Die Liebe ist langmütig, die Liebe ist gütig. Sie ereifert sich nicht, sie prahlt nicht, sie bläht sich nicht auf. Sie handelt nicht ungehörig, sucht nicht ihren Vorteil, lässt sich nicht zum Zorn reizen, trägt das Böse nicht nach. Sie freut sich nicht über das Unrecht, sondern freut sich an der Wahrheit. Sie erträgt alles, glaubt alles, hofft alles, hält allem stand. Die Liebe hört niemals auf.*

Prophetisches Reden hat ein Ende, Zungenrede verstummt, Erkenntnis vergeht. Für jetzt bleiben Glaube, Hoffnung, Liebe, diese drei; doch am größten unter ihnen ist die Liebe.
Und der Friede Gottes, der höher ist als all unsere Vernunft, bewahre unsere Herzen und Sinne in Jesus Christus. Amen!

Von ganzem Herzen DANKE

I am because you are.
Ubuntu Philosophy

I come as one but I stand as 10.000.
Maya Angelou

Ich hätte niemals gedacht, dass ich mal ein Buch schreiben würde. Es steht zwar mein Name auf dem Cover, aber es waren so viele Menschen daran beteiligt, indem sie mich ermutigten, mit mir diskutierten, sich große Teile anhörten und lasen, Menschen von denen ich lerne, auf deren Spuren ich gehen darf und mit denen ich gemeinsam unterwegs bin. Einigen möchte ich namentlich meinen besonderen Dank aussprechen:

Susan Arndt, May Ayim, James Baldwin, Angela Davis, James Cone, Frantz Fanon, Kübra Gümüşay, Alice Hasters, bell hooks, Martin Luther King, Audre Lorde, Tupoka Ogette, Emilia Roig, Noah Sow, Sojourner Truth und Desmond Tutu. Ich kenne sie alle nicht persönlich, und manche von ihnen leben auch nicht mehr, aber durch ihre Worte, Gedanken, Biografien und Forschungen habe ich überhaupt Worte gefunden, die es mir ermöglichen, mich auszudrücken.

All denen, die lange vor mir unermüdlich gegen Rassismus in der Kirche gekämpft und meiner Generation den Weg geebnet haben. Es wäre vermessen, hier Namen zu nennen, weil ich euch alle gar nicht kenne. Ihr habt wichtige Arbeit geleistet, deren Früchte wir nun ernten.

André, Austen, Barbara, Caro, Christina, Christiane, Claudia, Daniela, Dominik, Eske, Johannes, Josephine, Jule, Lusungu, Lý, Lydia, Mika, Nathalie, Nina, Nina, Quinton, Sami, Steve, Thea und Yotin. Es tut so gut, mit euch unterwegs zu sein. Ihr seid ein Segen für mich. Viele von euch haben Stunden investiert und immer wieder über Teile des Buches gehört, Passagen gegengelesen, mich ermutigt, korrigiert und gestärkt. Mein Dank ist kaum in Worte zu fassen!

Ganz besonders denke ich an dich, Sami. Es bricht mir das Herz, dass du die Veröffentlichung des Buches nicht mehr miterlebst. Ich wäre den antirassistischen Weg in der Kirche so gern weiter mit dir gegangen. Ruhe in Frieden, mein Freund.

Der *Vereinten Evangelischen Mission* und meinen Kolleg*innen. Mein Job ist wie eine lebenslange Fortbildung. Ich lerne jeden Tag von all euren Perspektiven. Außerdem ist es ein enormes Zeichen, dass meine Arbeitgeberin mir Zeit eingeräumt hat, um dieses Buch überhaupt schreiben zu können und antirassistische Bildungsarbeit innerhalb der Kirchen leisten zu dürfen. Ihr fordert nicht nur, sondern habt mich dabei immer im Blick und sorgt euch um mich. Das sehe und schätze ich.

Meiner Gemeinde – dem Weigle-Haus. Ich habe weltweit so viele Gemeinden gesehen; ihr wart und bleibt mein Lieblingsort innerhalb der Kirche. Ohne euch wäre ich nicht ich. Ich durfte nicht nur empfangen, sondern darf auch gestalten und kritisieren.

Dem Patmos-Verlag, der als einziger Verlag daran glaubte, dass dieses Buch gelesen wird und dem das Thema nicht zu heikel war. Vor allem meiner Lektorin, Anja, die mich ermutigt und angefragt hat und mir mehr zutraute als ich mir selbst.

Meinen Follower*innen auf Instagram und den Teilnehmer*innen unserer Bildungsarbeit. Durch euch habe ich immer mehr Mut und Selbstvertrauen bekommen, Missstände innerhalb der Kirche noch deutlicher öffentlich anzusprechen. Ohne dass ihr es merkt, gebt ihr mir Gründe dafür, warum ich immer seltener einfach nur lächle und nichts sage.

Meiner Familie und meinen Freund*innen, die viel öfter mit dem Thema Rassismus konfrontiert wurden, als ihnen vielleicht lieb war. Die es aushalten, dass es anstrengend ist, und für die mit der Zeit »mein Thema« zu »unserem Thema« wurde. Ohne eure Liebe wäre ich nicht ich.

Meinen Großeltern, die nun beide die Veröffentlichung dieses Buch nicht mehr miterleben, aber vor Stolz platzen würden. Von Geburt an nahmen sie mich selbstverständlich und ohne jeden Unterschied als ihr viertes Kind auf und wurden dadurch zum größten Segen meines Lebens. Ihr bleibt immer meine Engel ohne Flügel.

Sdenek, dessen Liebe zu mir nicht in Worte zu fassen ist. Du machst vieles erst möglich und tust es selbstverständlich. Es gibt viele Frauen, mit denen es einfacher wäre, aber du wählst jeden Tag mich.

Emilia und Jakob, die oft auf mich verzichten müssen und mich durch ihre kindliche Perspektive und mit ihrer Liebe so reich beschenken. Danke, dass ich eure Mama sein und euch eine Welt voll Diversität zeigen darf.

Gott, der Ewigen. Vieles kann ich nicht erklären und begreifen – es sind Bewahrung und Segen, die mir geschenkt wurden. Es ist Gnade, die mich durchs Leben trägt.

Das Buch ist erst der Anfang. Es geht weiter:

www.rassismusundkirche.de

www.instagram.de/moyo.me

www.youtube.com/moyome

Sarah Vecera ist stellvertretende Leiterin der Abteilung Deutschland der Vereinten Evangelischen Mission (VEM) und Bildungsreferentin mit dem Schwerpunkt »Rassismus und Kirche«. Sie hat den Eröffnungsgottesdienst beim Ökumenischen Kirchentag in Frankfurt gehalten. Einblicke in ihre Arbeit findet man auch auf Instagram bei moyo.me.